Renate Moog

Originelle Adventskalender

zum Selbermachen

Mit Anleitungen und Vorlagen

Augustus Verlag

Liebe Bastelfreunde,

»Alle Jahre wieder...« beginnt mit den letzten sonnigen Herbsttagen die Vorfreude auf die Adventszeit. Gerade traditionsbewußte Menschen versuchen, diese Tage für ihre Liebsten so besinnlich und festlich wie nur irgendwie möglich zu gestalten. Wer sich rechtzeitig mit dem Gedanken an Weihnachten befaßt, wird diese Zeit wohl kaum in Hektik und Streß erleben. Ganz im Gegenteil! Rechtzeitig eingeplante Bastelstunden für das ein und andere Geschenk oder auch für weihnachtliche Dekorationen lassen uns die Adventstage bewußter erleben. Eltern spüren die wachsende Spannung, die ihre Kinder langsam ergreift. Und doch - seien wir einmal ehrlich - ob die »Großen« oder die »Kleinen«, alle freuen sich auf den Heiligen Abend mit dem reich geschmückten Christbaum, der fachmännisch dekorierten Krippe sowie auf die phantasievoll verpackten Geschenke.

Doch gerade diese innere Spannung auf nur einen Tag zu lenken wäre doch viel zu schade. So kamen Eltern bereits früher auf die Idee, einen Kalender anzufertigen, der die Kinder 23 Tage ablenken und die Zeit bis hin zur Ankunft Christi veranschaulichen sollte. Diesen Kalender nennt man seit eh und je — Adventskalender. Sie werden in diesem Buch viele Anregungen finden, einen ganz persönlichen Adventskalender anzufertigen. Ob aus Papier, Holz oder Stoff, alle Kalendermodelle sind, einmal angefertigt, jedes Jahr aufs neue aufzustellen oder aufzuhängen. Die kleinen Überraschungen, die in den Päckchen und Tüten versteckt werden, können wir das ganze Jahr über besorgen: im Urlaub eine kleine Muschel, beim Spaziergang ein Flügelpaar von einem Ahornbaum oder beim Schwimmen am See eine Schwanenfeder; Trillerpfeife, Flummi-Ball, Stickers und ähnliches dürfen natürlich auch nicht fehlen.

Nun aber zur Handhabung dieses Buches. Wenn Sie sich für ein Kalendermodell entschieden haben, dann lesen Sie die betreffende Anleitung genau durch. Pausen Sie die dazugehörige Vorlage ab oder übertragen Sie die Modellzeichnungen entsprechend den Maßangaben auf ein Schnittmusterpapier. So erhalten Sie schnell einen Überblick betreffend Modellform und Modellgröße. Die Vorlagen selbst sind auf den letzten 28 Seiten im Buch dargestellt. Sie alle sind mit Nummern gekennzeichnet, die wiederum identisch sind mit den Anleitungsnummern in der schmalen Textspalte. So wünsche ich allen kreativen Freunden viele vergnügliche Bastelstunden, eine besinnliche Adventszeit und ein friedvolles Weihnachtsfest im Kreise der Familie.

Renate Moog

Inhalt

Material und...

Karton/Pappe

Wird zum einen als Schneidunterlage verwendet, zum anderen als Bastelmaterial für Papierarbeiten, die etwas aushalten müssen. Papparten: Rückwand eines Zeichenblockes, Deko-bzw. Passepartoutkarton (im Fachhandel für Deko- und Grafikerbedarf erhältlich).

Tonkarton/Tonpapier

In allen gut sortierten Bastelgeschäften, Bastelabteilungen in Kaufhäusern und in Fachgeschäften mit Grafikerbedarf zu erhalten.

Deko-Sterne und Nummern

Gerade zur Weihnachtszeit liegt hier ein großes Angebot in Kaufhäusern vor. Besonders dekorative Sterne sind als Stickers im Viersortiment auf Abreißrollen zu erhalten.

Klebstoff

Ponal Express für Holzarbeiten; Fixogum für kleine Papierarbeiten (kann durch Abrubbeln wieder entfernt werden); Pritt Alleskleber für große Papierflächen (seine zähfließende Masse läßt das Papier nicht aufquellen); Uhu Bastelkleber für Klebearbeiten mit Stoff und Filz. Wer nur mit einem Klebstoff arbeiten will, sollte sich für Pritt entscheiden.

Schneidwerkzeug

Eine große, handliche Schere für großzügiges Ausschneiden, eine Nagelschere für Detailausschnitte (Scherenschnitt). Ein Bastelmesser wird bei geraden und exakten Schnittkanten eingesetzt. Ist das Messer stumpf, kann die bewegliche Klinge mit Hilfe einer speziellen Vorrichtung an angegebener Stelle abgebrochen werden, und eine neue Schneidekante kommt zum Vorschein; Messer beim Abbrechen bitte in einen Papierkorb oder ähnliches halten.

Transparentpapier

Wir unterscheiden neutrales Transparentpapier, zum Abpausen der Vorlagen, und farbiges Transparentpapier. Letzteres ist in Bastelmappen (ca. DIN-A4-Größe) zu erhalten. Schreibwarengeschäfte oder Modellbaufachgeschäfte bieten dieses Papier auch in großen Bögen an. Bei Lichteinfall leuchten die Farben noch intensiver.

Holzstäbchen

Als Dübelholz für schmale Sperrholzplatten und für Balsaholz zu verwenden. Besonders aber ideal zum Umrühren der Farben in ihren Behältern.

...Werkzeug

Farben

Lackfarben haben den Vorteil, daß sie nach dem Antrocknen einen abwaschbaren Glanz erhalten. Die Trocknungszeit dauert allerdings etwas länger. Normale Bastelfarben trocknen sofort auf, müssen aber, falls Glanz gewünscht wird, mit Klarlack überzogen werden. Beide Ausführungen sind absolut deckend und lichtecht. Sie sind auf Wasserbasis hergestellt und können auch mit Wasser verdünnt werden. Gefäße nach Gebrauch immer gut verschließen. Pinsel wiederum sauber auswaschen.

Filz/Stoffmaterial

In Bastel-und Stoffgeschäften zu erhalten. Vorteile von Filz: Franst nicht aus.

Vlies/Vlieseline

Im Stoffgeschäft zu erhalten. Vlies ist ein watteähnliches Material, das zur Herstellung von Steppstoffen verwendet wird.
Vlieseline ist eine aufbügelbare Einlage zum Verstärken bestimmter Stoffteile.

Wäscheklammern

Sie können bei Klebearbeiten gute Klammerhilfen sein; eingeschobene Kartonreste verhindern Druckstellen.

Holzarten

Balsaholz ist in Baumärkten und zum Teil in Bastelgeschäften als Meterzuschnitt in 10cm Breite und verschiedenen Stärken zu erhalten; ebenso Rundhölzer und Holzleisten.
Pappelsperrholz ist leicht mit der Säge zu bearbeiten. Sie erhalten diese Holzart in fast allen Baumärkten mit Holzzuschnitt.

Schleifwerkzeug

Holzkanten nach dem Aussägen abschleifen; 120er/150er Schleifpapier, einen Schleifklotz oder bei engen Einschnitten eine Sandfeile (für Fingernägel) verwenden.

Laub-/Dekupiersäge

Sägeblätter für Holz einspannen; mittlere Zahnung. Wer eine Dekupiersäge benutzt, kann auf andere Holzarten ausweichen.

Kreppapier

Bastelpapier mit Kreppeffekt. Jetzt auch metallic-schimmernd in gut sortierten Bastel- oder Schreibwarengeschäften zu erhalten. Leider etwas teurer als das herkömmliche Kreppapier.

7
6
21

Adventskalender aus Papier

Kunterbunter...

__Material__
2-2,5 mm starker Karton:
1 mal 40 x 40 cm,
1 mal 30 x 30 cm,
2 mal 30,5 x 3 cm
Tonkarton:
Gelb und Weiß; Farben für oberen und unteren Randabschluß beliebig
Tonpapier:
möglichst viele verschiedene Farbtöne inklusive Schwarz
Metallpapier:
beliebige Farbtöne
Diverse Schmuckelemente:
Schleifenbänder, Watte, Federn, Katzenaufkleber oder ähnliches, Engelaufkleber, selbstklebende Sterne, Poesiebildchen, Konfetti (aus dem Locher)

Die in Originalgröße dargestellten Vorlagen zum »Kartenkalender« sind auf den Doppelseiten 52/53 und 54/55 zu finden.

Eine weitere Bastelvorlage befindet sich auf der Seite 58: 5 = kleiner Stern

Die Zuschnittmaße für die Aufhängevorrichtung befinden sich ebenfalls auf der Seite 58: 1 = großer und kleiner Stern

Dieser Adventskalender ist einfach zu handhaben. Jeden Tag wird vom großen Stern eine selbstgebastelte Karte auf den kleinen Stern plaziert. Die Karte wird dabei herumgedreht, so daß auf der Rückseite ein Gedicht, ein Lied oder auch ein Rätsel sichtbar wird. Diese Rückseite sollte von den Eltern individuell auf das Kind bezogen gestaltet werden.
Wir schneiden aus dem weißen Tonkarton 24 mal 21 x 12 cm große Karten zu. Aus den anderen Tonkartonfarben benötigen wir paarweise 24 mal (48 Stück) 15 x 6 cm große Rechtecke. Diese ritzen wir der Länge nach mittig an und klappen sie zu einem schmalen Streifen zusammen. Jetzt tragen wir auf der Innenseite Klebstoff auf und schieben die weißen Karten bis zur Umbruchkante hin ein. Wir achten dabei auf einen gleichmäßigen Überstand der Seitenkanten. Diese Verstärkung benötigen wir bei jeder Karte an Ober- und Unterkante, um sie später aufhängen zu können; Grafik beachten!
Für die optische Gestaltung der Karten möchte ich keine festen Vorgaben machen. Verarbeiten Sie das Material, das Sie zur Verfügung haben. Da jedes Kartenmotiv aus mehreren Teilen besteht, sind Ihrer Kreativität keine Grenzen gesetzt. Kleben Sie das ein und andere Motiv aus Tonpapier oder Metallpapier auf, und zeichnen Sie das eine oder andere Teil dazu. Konturen habe ich grundsätzlich mit

...Kartenkalender

schwarzer Bastelfarbe hervorgehoben. Achtung bei Verwendung eines Filzstiftes: er verläuft etwas auf dem Tonpapier. Die Nummern 1 bis 24 können wiederum mit Filzstiften auf den weißen Tonkarton aufgemalt werden. Einige Karten können auch mit Schmuckelementen gestaltet werden: Watte - als Schnee - beim Schneemann, Stoffblumen beim Blumentopf, Schleifenbänder bei Päckchenformen. Je bunter die Karten werden, desto strahlender die Augen Ihres Sprößlings.

Für die Aufhängung benötigen wir zwei Sterne aus Pappkarton. Wir zeichnen den großen Stern auf eine 40 x 40 cm große Kartonfläche, den kleinen Stern auf einen 30 x 30 cm großen Karton. Die Maßangaben zur Form der Sterne entnehmen Sie den Angaben auf Seite 58. Die Pappkartonsterne ausschneiden und mit gelbem Tonkarton verkleiden. Für die Aufhängevorrichtung der Karten benötigen wir die beiden schmalen Kartonstreifen. Von rechter und linker Kante 9 cm abmessen, eine Hilfslinie ziehen und die Strekken anritzen. Die Kanten in eine rechtwinkelige Position drücken. Zwei Tonpapierstreifen in der Größe von 34,5 x 3 cm zuschneiden und den Pappstreifen anpassen. Zuerst die Innenseiten ankleben; dabei unbedingt den rechten Winkel der Seitenarme beibehalten. Am besten ein Lineal im Innenwinkel anlegen und warten, bis das Tonpapier sich nicht mehr verschieben läßt. Überstehendes Tonpapier abschneiden. Anschließend die Außenseite ebenfalls in entsprechender Streifengröße abkleben. Beide Aufhängevorrichtungen im oberen Drittel der Sterne mittig aufkleben. Die Karten erst einen Tag später einhängen.

Mein Tip!

2-2,5 mm starker Pappkarton läßt sich durchaus auch mit einer Laubsäge oder Dekupiersäge zuschneiden.

Die Farbzusammenstellung der einzelnen Bildmotive des Kartenkalenders ist auf der nächsten Doppelseite ersichtlich.

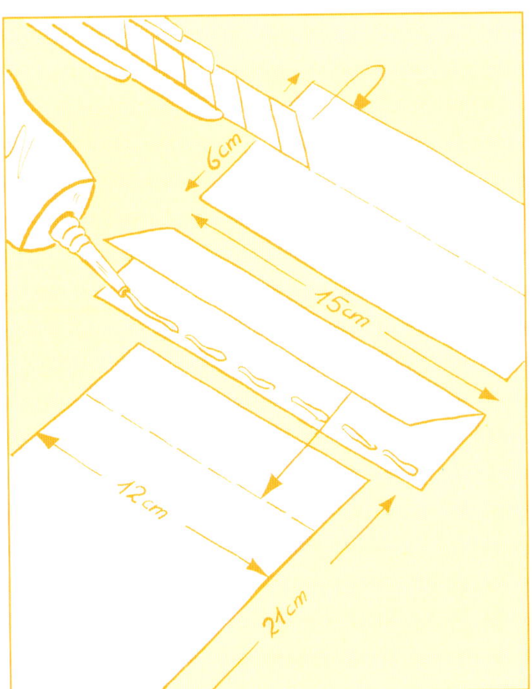

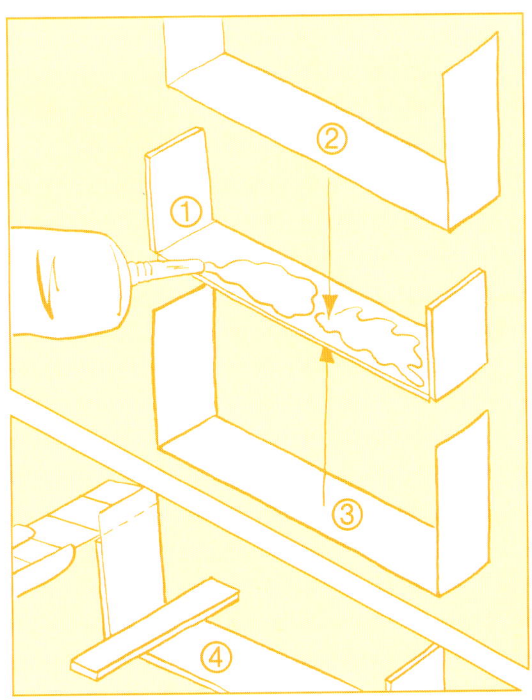

*Die **erste Grafik** links zeigt den Kartenaufbau.*

*Die **zweite Grafik** rechts zeigt die Anfertigung der Aufhängevorrichtung.*

23
16
10
21
8
14
15
18
12
19

20
Viel Glück!
7
1x1=1
24
22
4
3
5
2
6
11

Knecht Ruprecht

Material
2-2,5 mm starker Pappkarton: 2 mal 40 x 40 cm
Tonpapier (besser: Tonkarton): Beige, Tannengrün, Grasgrün, Blau, Gelb, Rot, Grün, Weiß
Tonkarton: Braun
Kreppapier (mit oder ohne Metalleffekt): Rot, Blau, Grün
Geschenkkordel
Paketschnur

Die Bastelvorlagen zu »Knecht Ruprecht« sind auf der Doppelseite 60/61 zu finden:
1 = Körperform von Knecht Ruprecht
2 = hinteres Haarteil
3 = hinteres Hutteil
4 = vorderes Hutteil
5 = Tannenbäumchen
6 = Traglastbalken mit Geschenken
Diese Vorlagen sind verkleinert dargestellt. Sie können mit Hilfe eines Fotokopierers vergrößert werden. Pausen Sie hierzu die Vorlage von Knecht Ruprecht auf ein DIN-A4-Blatt ab, die anderen Vorlagen auf ein zweites Blatt; darauf achten, daß die einzelnen Konturen eng beieinander liegen. Den Fotokopierer auf 170 % einstellen: den Körper in zwei Schritten vergrößern - obere und untere Hälfte, dann passend zusammenkleben.

Die Handhabung dieses Adventskalenders ist leicht zu erkennen. Jeden Tag muß Knecht Ruprecht eines seiner Überraschungssäckchen hergeben. Beginnen wir mit dem Kartonzuschnitt. Die Körperform auf die Kartonfläche übertragen, inklusive Gehstock. Den Körper großzügig ausschneiden (bei festem Karton: aussägen), dann erst die Form im Detail ausschneiden. Ebenso die Motive Tannenbäumchen und Traglastbalken übertragen und ausschneiden. Mit einem feinkörnigen Schleifpapier die ausgesägten Kanten etwas abschleifen. Wer will, kann die Schnittkanten der Optik wegen mit schwarzer Bastelfarbe einfärben. Dies entspricht gleichzeitig einer abgrenzenden Konturlinie.

Jetzt beginnt die eigentliche Klebearbeit. Wir betrachten die erste Grafik auf Seite 16. Sie zeigt uns die Reihenfolge, in der das Tonpapier bzw. der Tonkarton aufgeklebt wird. Grundsätzlich wird Knecht Ruprecht von beiden Seiten beklebt. Zuerst den Stock auf den braunen Tonkarton übertragen, ausschneiden und aufkleben. Anschließend den gesamten Körper bis Stockkante auf beiges Tonpapier übertragen, ausschneiden und aufkleben. Die Finger der linken Hand separat aufzeichnen, ausschneiden und aufkleben; auf der Rückseite, wie auf dem kleinen Foto ersichtlich, die Hand durchgehend überkleben. Nun noch den sich ergebenden Zwischenraum oberhalb der Schuhe mit tannengrünem Tonpapier abkleben. Soweit wäre der Grundaufbau beendet. Jetzt nach und nach die einzelnen Bekleidungsstücke auf Tonpapier übertragen, ausschneiden und dem Körper anpassen. Zuerst die Schuhe aufkleben. Die Hose bis zur Taille ausschneiden, dann ebenfalls aufkleben. Das Hemd darüberkleben und eine Paketschnur locker um die Taille von Knecht Ruprecht drapieren. Nun betrachten wir die zweite Grafik auf Seite 16. Wir malen die Gesichtszüge auf und schneiden danach die Nasenkontur mit einem Bastelmesser ein. Die aufgeführte Reihenfolge einhaltend kleben wir zuerst den Kinnbart auf, geben etwas Klebstoff auf den Oberlippenbart und schieben

*Die **erste Grafik** links zeigt die Ausschnittform und die Aufbaureihenfolge von Knecht Ruprecht.*

*Die **zweite Grafik** rechts zeigt das Anbringen des Oberlippenbartes.*

diesen unter den Naseneinschnitt. Anschließend vorderes und hinteres Haarteil aufkleben sowie beide Hutteile darüber- und gegenkleben. Schuh-Finger- und Hosenkonturen mit Bastelfarbe dazumalen. Jetzt das Tannenbäumchen ebenfalls mit Tonpapier, den Tragebalken wiederum mit Tonkarton bekleben. Die Geschenke mit Tonpapier und Kreppapier herausarbeiten; Gesamtkontur der Päckchen mit Tonpapier abkleben, Vorder- und Rückseite der Päckchen optisch durch einen helleren Farbton hervorheben. Schmale, glänzende Bänder ergänzen den Geschenkeffekt. Traglastbalken und Tannenbäumchen erhalten nun ihren Platz auf der Rückseite von Knecht Ruprecht. Diese Teile sorgfältig befestigen.

Für die Säckchen bitte nur Kreppapier verwenden; Metalleffekt wäre schön, muß aber nicht sein. Wir fertigen uns ein Schnittmuster in der Größe von 22 x 8 cm an und schneiden diese 24 mal zu; die Längsseite immer im Rillenverlauf des Papiers auflegen. KreppRechtecke zur Hälfte legen und seitlich zusammenkleben; trocknen lassen und erst am nächsten Tag auffüllen, dann mit Geschenkkordel leicht verschnüren. Letztere in unterschiedlichen Längen zuschneiden und an einem Ende eine Schlaufe anbringen. 11 Säckchen am Traglastbalken aufhängen, 11 Säckchen am Gehstock einhängen und 2 Säckchen bekommt Knecht Ruprecht in die Hand gedrückt.

Mein Tip!

Den Adventskalender frei im Raum aufhängen. Hierzu oberhalb der Gehstockkante und auf der anderen Seite am Traglastbalken jeweils ein Loch einstanzen und einen Zwirnfaden als Aufhängung anbringen.

Adventskutsche

Wir beginnen mit dem Grundaufbau der Karosserie; erste Grafik links. Zuerst einmal schneiden wir ein 16 x 13,5 cm großes Rechteck aus dem Schuhkartondeckel heraus. Wir setzten den Deckel wieder auf die Schachtel auf, mitteln eine Längsseite aus und schneiden vom Deckelausschnitt bis zur Bodenkante der Schachtel senkrecht ein. Von diesem Einschnitt messen wir 8 cm nach rechts und 8 cm nach links. An diesen Stellen ziehen wir jeweils eine Hilfslinie ebenfalls von Ausschnittkante bis hin zur Bodenkante; schneiden hier allerdings nur die Oberseite des Deckels bis zur Kante hin ein. Von der Dekkel- und Kartoninnenseite aus ritzen wir den Schuhkarton auf Höhe der gezogenen Hilfslinien leicht an. Deckel und Schachtel verkleiden wir separat voneinander mit blauem

Material
1 Schuhkarton
1 Waschmittelbox, klein
2 Pappkartons (Rückwand vom Zeichenblock)
Tonpapier: Blau
Tonkarton: Weiß
Dekoration: Gold (oder Tonkarton: Violett)
Spitzenrest
Bastelfarbe: Silber
Sterne: selbstklebend, metallic schimmernd
Zahlen: selbstklebend, 1 - 24

Die Bastelvorlagen zur »Adventskutsche« sind auf der Doppelseite 58/59 zu finden:
2 = Schnittmuster für Fensterbogen
3A+3B = seitliche Zierverkleidung
4 = Wagenrad
5 = kleiner Zierstern
6 = großer Zierstern

Die Päckchenvorlagen befinden sich auf der Doppelseite 64/65:
1 = kleine, quadratische Schachtelform
2 = große, flache Schachtelform
3 = kleine, flache Schachtelform
4 = große, quadratische Schachtelform
5 = kegelförmige Schachtelform

Tonpapier. Die Einschnitte bringen wir an den gleichen Stellen an wie zuvor beschrieben. Jetzt können wir den Deckel auf der Schachtel befestigen. Das Oberteil der Kutsche besteht aus einer Waschmittelbox, von der wir den Deckel sowie auch überstehenden Innenkarton abschneiden. Das Schnittmuster für die Fensterausschnitte abpausen, ausschneiden und auf beide Kartonseiten übertragen. Die Fensterform ausschneiden. Jetzt können wir auch diesen Teil der Kutschenkarosserie mit blauem Tonpapier verkleiden. Die seitliche Zierverkleidung schneiden wir 4 mal aus dem weißen Tonkarton aus, kleben die Teile paarweise zusammen und befestigen sie 2 cm über der Bodenkante beidseitig am Schuhkarton. Um die Türen der Kutsche öffnen zu können, schneiden wir entlang der Zierverkleidung, vom mittleren Einschnitt ausgehend, rechts und links davon, 8 cm tief ein. Jetzt erst vorsichtig den Kutschenschlag öffnen. Eventuell das Tonpapier von der Innenseite her entlang der Knickstelle etwas anritzen. Das Wagenrad übertragen wir 4 mal auf den Zeichenkarton. Wir schneiden die Räder aus und malen sie in einem silbernen Farbton an. Nach dem Trocknen werden sie an der seitlichen Zierverkleidung bruchsicher festgeklebt. Alle Ziersterne ausschneiden, davon die vier kleineren an den Spitzen der Zierverkleidung festkleben, den größeren Stern am Dach einstecken; vorher einen entsprechenden Einschnitt anbringen. Die Schachtelformen abpausen, auf die betreffende Tonkartonfarbe übertragen und ausschneiden. Schachteln entlang den Bruchlinien falzen. Schmale Schachtelflächen auf die angrenzenden Wandflächen kleben. Entsprechend der zweiten Grafik die Vorderseite jeder Schachtel zusätzlich verstärken. Hierzu ein in Höhe und Breite übereinstimmendes Kartonteil mit 1 cm Zugabe an rechter und linker Seitenkante zuschneiden, an entsprechender Stelle anritzen, abknicken und einkleben.

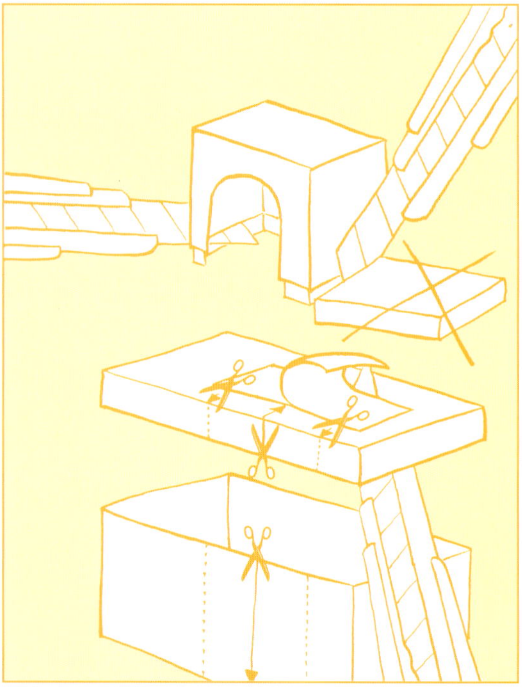

*Die **erste Grafik** links zeigt den Grundaufbau der Karosserie.*

*Die **zweite Grafik** rechts zeigt die Falttechnik einer Schachtelform.*

2
15
21
6
23
3
5
22
24

Himmlischer...

Material
Tonkarton:
Tannengrün, Weinrot, Blau, Flieder, Braun, Weiß
Metallpapier:
Gold
Folienschreiber:
Silber

Die Bastelvorlagen zu »Himmlischer Tannenwald« sind auf der Doppelseite 61/62 zu finden:
1 = Schaf
2 = Engelskörper
3 = Flügel des Engels
4 = Arme des Engels
5 = vorderes Haarteil des Engels
6 = hinteres Haarteil

Die Schachteln zu diesen Tannenbäumen sind auf der Doppelseite 64/65 zu finden:
1 = kleine, quadratische Schachtel (für Schafe)
2 = große, flache Schachtel
3 = kleine, flache Schachtel
4 = große, quadratische Schachtel
5 = kegelförmige Schachtel

Dieses weihnachtliche Szenenbild sollte in keinem Kinderzimmer fehlen. Es kann sowohl die Fensterbank wie auch das Bücherregal schmükken. Ob Tannenbaum, Engel oder Schäfchen, alle halten kleine Überraschungen versteckt. Wir pausen alle betreffenden Vorlagen zu diesem Adventskalender ab und schneiden die einzelnen Formen aus. Diese sogenannten Schablonen legen wir nacheinander auf den farblich abgestimmten Tonkarton. Beginnen wir mit dem Aufzeichnen der Tannenbaumformen. Sie sind in der Vorlage nur zur Hälfte abgebildet, d. h.: sie werden nach dem Aufzeichnen entlang der Strich-Punkt-Linie umgeklappt, entlang dieser Linie erneut angelegt und ein zweites Mal aufgezeichnet. Auf diese Art und Weise erhalten wir eine vollständige Tannenbaumform. Wieviel Tannenbäume angefertigt werden, bleibt jedem selbst überlassen. Fertigen Sie weniger an als in der Vorlage angegeben, dann müssen die fehlenden Motive durch Schäfchen oder Engel ersetzt werden. Hauptsache ist, daß unser Adventskalender am 1. Dezember 24 Überraschungspäckchen aufweist. Als nächstes Kalendermotiv fertigen wir die Schafe und das Lämmchen an. Den Körper, die gesamte Kopf- und Beinkontur sowie die Ohren entsprechend den Angaben in der Vorlage auf den weißen Tonkarton übertragen. Alle Teile ausschneiden. Das Gesicht, die

...Tannenwald

Ohren und die untere Hälfte der Beine malen wir mit einem hellbraun-ockerfarbigen Buntstift aus. Wangen, Augen und Nase deuten wir mit einer schwarzen Kontur an. Jetzt kleben wir zuerst den Kopf auf den Körper; die Stellung können Sie selbst bestimmen. Die Beine ziehen wir sanft über eine Tischkante, so daß sie, wenn wir sie paarweise aneinanderfügen, eine sogenannte X-Beinstellung aufweisen. Wir kleben jeweils nur das obere Beindrittel am Schafskörper an. Die Ohren in gewünschte Position kleben. Beim Lämmchen ist keine andere Kopfstellung möglich, da Körper und Kopf bereits in der Vorlage miteinander verbunden sind.

Jetzt pausen wir Körper- und Armvorlage ab und übertragen die Formen auf die gewünschten Tonkartonfarben. Haarteile, Flügel und Heiligenschein auf das Metallpapier übertragen. Alle Formen ausschneiden und die Verschlußschnitte am Kleid anbringen. Die Haarteile schneiden wir fransenartig ein. Die Strich-Punkt-Strich-Linie zwischen Kleid und Verschlußklappe leicht anritzen und kurz abknicken. Die Gesichtszüge am Kopf aufzeichnen. Jetzt das Kleid kegelförmig zusammenkleben; hierzu betrachten wir auch die erste Grafik. Die angeschnittenen Laschen an der Verschlußklappe in die Einschnitte am Kleid einschieben. Flügel, Arme, Haare und Heiligenschein in gleicher Reihenfolge dem Engelskörper anpassen. Für ein festlicheres Erscheinungsbild kleben wir jeweils an Hals und Kleid kleine Sternchen aus Metallpapier auf. Die Ärmelkanten verzieren wir ebenfalls mit schmalen Metallpapierstreifen.

Nun fertigen wir die Päckchen und Schachteln an. Hierzu pausen wir die betreffenden Vorlagen ab, schneiden sie aus und legen sie auf den grünen Tonkarton auf: 3 mal Schachtel 1, 2 mal Schachtel 2, 2 mal Schachtel 3, 4 mal Schachtel 4. Schachtel 1 zusätzlich 6 mal

Die Tannenbäume werden auf die Verschlußfläche der Schachteln geklebt. So kann jedes Überraschungspäckchen leicht geöffnet und wieder verschlossen werden. Die Schachteln auf dem Rücken der Schafe werden so zusammengeklebt, daß sie von der Oberseite aus zu öffnen sind.

*Die **erste Grafik** links zeigt den Körperaufbau eines Engels.*

*Die **zweite Grafik** rechts zeigt zum einen den Falzvorgang einer Schachtel, zum anderen das Zusammenkleben zweier Schachteln zu einem Traglastgepäck.*

und Schachtel 5 als kegelförmiges Päckchen 3 mal auf beliebigen Tonkarton auflegen. Alle Formen ausschneiden und falzen; dabei die Falzlinien leicht anritzen. Entsprechend der zweiten Grafik von Seite 18 alle Schachteln in Form kleben und die Vorderseite zusätzlich verstärken. Diese Verstärkung besteht aus einem farblich abgestimmten Tonkartonteil, das in Höhe und Breite mit der Vorderseite übereinstimmt plus 1 cm Zugabe an rechter und linker Seite. Diese Zugabe anritzen, im rechten Winkel abknicken und an der Schachtelvorderseite einschieben; nur seitlich festkleben. Beim Verschließen der Schachtel die Verschlußklappe in den entstandenen Zwischenraum an der Vorderseite einstecken. Die kegelförmige Schachtel ebenfalls an den Falzkanten anritzen. Entsprechend der Vorlage einen Schlitz auf der Verschlußklappe anbringen bzw. einschneiden. Nun können wir die Schachtel falzen und entlang der hinteren Falzkante zusammenkleben. Einen schmalen Kartonstreifen als Verschlußlasche seitlich einkleben. Die Päckchen für die Schafe entsprechend der zweiten Grafik oben zusammenkleben. Um sie leichter über den Körper stecken zu können, drei schmale Kartonstreifen an der Oberkante dazwischenkleben. Mit einem silberfarbigen Folienstift malen wir Zahlen und Strichsternchen auf alle Kalendermotive. Zum Schluß kleben wir die Tannenbäume auf die Verschlußfläche der Schachteln. Darauf achten, daß die Unterkante der Bäume auf einer Ebene mit der Unterseite der Schachteln liegt.

Mein Tip!

Tannenbaum, Engel und Schäfchen können auch separat angefertigt werden und als Mitbringsel bei einer Adventsfeier für große Überraschung sorgen.

Gemüsekalender

Material
Tonkarton:
Rot, Grün, Weiß,
Braun, Violett, Orange
Tonpapier:
Grasgrün, Beige,
Schwarz, Gelb
Verpackungskarton:
ca. 38 x 22 cm groß

Dies ist ein Adventskalender für Garten- und Naturfreunde. Die Herstellung ist bei allen Gemüsearten gleich.
Wir pausen die betreffende Vorlage ab und übertragen die Form entsprechend den Angaben auf den farblich zutreffenden Tonkarton. Die Angabe innerhalb der Vorlage sagt aus, wie oft das Motiv benötigt wird; da ein Motiv wiederum aus zwei Teilen besteht, bitte die Vorlagen doppelt übertragen. Ausnahme: Lauch und Zwiebel; sie bestehen aus drei Teilen. Letztere in der betreffenden Tonkartonfarbe wie auf dem kleinen Foto ersichtlich zuschneiden und übereinanderkleben. Die anderen Gemüsesorten werden mit entsprechenden Details wie Stielansatz, Blätter und Wurzeln ergänzt. Alle Gemüsesorten kleben wir paarweise an ein sogenanntes Schubfachversteck. Letzteres entsprechend der Vorgabe auf Seite 10 auf den farblich abgestimmten Tonkarton zeichnen: die Höhe (Länge) sowie die Breite des Schubfaches richten sich nach der Länge sowie Breite des Gemüses. Die Tiefe wiederum sollte 5 cm nicht überschreiten. Schubfach in gewünschter Größe aufzeichnen, jeweils an der Längskante 0,5 cm zugeben und entlang diesen Kanten die Zugaben keilförmig einschneiden. Die Falzlinien leicht anritzen, knicken und Gemüseteile paarweise, linke Seite innen, ankleben.

Die Bastelvorlagen zum »Gemüsekalender« sind auf der Doppelseite 66/67 zu finden:
1 = Zwiebel
2 = Paprika
3 = Zucchini/ Aubergine
4 = Tomate
5 = Mohrrübe
6 = Petersilie
7 = Radieschen
8 = Lauch
9 = Rettich

Eine Bastelhilfe befindet sich ebenfalls auf Seite 67:
10 = Schnittdarstellung Schubfach
11 = Falzvorgang vom Schubfach

22
17
9
13
23
2
11
24
5
14
16
1

Al-le Jah-re wie-de

Adventskalender aus Holz

Himmelspforte

Material
6 mm Pappelsperrholz: 55 x 80 cm (Maserung längsseitig)
6 x 6 mm Leistenholz: 90 cm lang
4 Schatullenscharniere: vermessingt, mit Stiften, 16 x 12 mm groß
1 Klavierhaken: 30 mm lang, inklusiv Ringschraube
1 Hakenschraube: 15 mm lang
Glitter: Gold
1 Glöckchen: ∅ ca. 5 cm, Weiß
Selbstklebende Sterne: Gold
2 Poesiebildengel: ca. 16 cm hoch
Bastelfarbe: Hellblau, Weiß

Die Zuschnittmaße zur »Himmelspforte« sind auf der Seite 71 zu finden:
7 = Wolke
8 = Wolkenturm für Glocke
9 = Rückwand
10 = Seitenwand
11 = Decke und Boden
Diese Zeichnungen sind im Maßstab 1 : 4 angelegt.

Bei diesem Adventskalender wird jeden Tag das Tor geöffnet und ein Überraschungsbriefchen herausgenommen. Sie beinhalten lustige Rätsel, Weihnachtsgeschichten, kleine Geschenke und viele Gutscheine; zum Beispiel: »Heute gehen wir zur Krippenausstellung!« oder »Heute basteln wir ein Fensterbild!«.
Die Bauweise der Adventskalenderwolke ist einfach. Wir halten uns an die Maßangaben von Seite 71. Zuerst zeichnen wir beide Wolkenformen auf ein Schnittmusterpapier. Hierzu das Rechteck außerhalb der Wolkenkontur aufzeichnen. Die Eckpunkte der Wolke entsprechend dem Maßbeispiel übertragen. Hierbei ist zu beachten, daß wir, wenn wir 1 cm auf der Vorlage messen, 4 cm auf den Originalschnitt übertragen müssen; ersichtlich an der waagrechten Maßstrecke. Das senkrechte Maß beträgt 1,9 cm auf der Vorlage; wir übertragen 7,6 cm - also das 4fache. Alle anderen Eckpunkte, diesem Beispiel folgend, ebenfalls ausmessen und übertragen. Die Zuschnittmaße von Rückwand, Seitenwänden, Decke und Boden direkt auf die Holzplatte übertragen. Die Schnittform der Wolke ebenfalls dazuzeichnen. Jetzt können wir alle Teile aussägen. Beim Torausschnitt der Wolke innerhalb der Kontur ein Loch vorbohren, das Sägeblatt durchstecken, dann am Sägebogen wieder festklemmen. Den Türflügel mit der Bohrung noch einmal separat aussägen; Unebenheiten nachschleifen. Jetzt leimen wir die Seitenteile sowie die Decke und den Boden auf die Rückwand. Wir malen das Kästchen und die Türen hellblau an, die anderen Teile weiß. Die Türflügel mit Scharnieren befestigen und mit Klavierhaken und Öse verschließen. Eine 21 x 3 cm schmale Holzleiste zuschneiden, anmalen und als Türstopper innerhalb des unteren Torausschnittes anleimen. Das Kästchen auf die Wolkenrückseite leimen; ebenso den Wolkenturm. Für den Zierstreifen Leim entlang der Wolkenkante auftragen und Glitter darüberstreuen. Das Glöckchen mit der Hakenschraube am Wolkenturm anbringen. Sterne und Poesiebildengel ein- und aufkleben. Für die Aufhängung zwei Löcher an der Rückwand anbringen.

1
9
7

Christbaum

Material
6 mm Pappelsperrholz: 60 x 100 cm (Maserung längsseitig)
10 mm Rundholz: 50 cm lang
Bastelfarben: Grün, Rot, Weiß, Braun, Gelb, Pink, Gold, Schwarz

Das Festtagskleid dieses Tannenbaum–Adventskalenders wird jeden Tag um ein Motiv ergänzt. Alle Motive sind mit Nummern versehen; Vorlagen beachten! Die Nummern 21, 22 und 23 bei den Päckchen aufmalen.

Wir beginnen mit dem Übertragen der Tannenbaumkontur auf ein Schnittmusterpapier. Wir zeichnen entsprechend der Grafik auf Seite 68 ein Rechteck auf; die waagrechten Linien entsprechend den Maßangaben dazuzeichnen. Wiederum mit einer Hilfslinie das Rechteck hochformatig halbieren. Von dieser Linie aus messen wir nun auf der Vorlage die einzelnen Strecken bis zu den Zweigspitzen aus und übertragen die Maße mit 4fachem Multiplikator auf das Original; Beispiel: 1,7 cm Vorlagenmaß entspricht 6,8 cm Originalmaß. Auf diese Art und Weise erhalten wir die halbe Tannenbaumkontur. Das Schnittpapier entlang der Halbierungslinie falten und entlang den Zweigspitzen ausschneiden.

Jetzt alle Motivteile abpausen und mit dem Tannenbaum auf die Holzplatte übertragen; aussägen. Das Rundholz in 24 Teile mit je 1 cm Länge sägen und entsprechend der Vorlage auf den Tannenbaum leimen; die Motive, betreffend Abstände, zu Hilfe nehmen. Die Aufstecklöcher mit einem 10 mm Bohrer bei den Motiven anbringen. Letztere entsprechend dem kleinen Foto anmalen. Dem Tannenbaum mit Grün, Hellgrün und etwas Braun eine tannenähnliche Struktur verleihen. Alle Nummern entsprechend den Vorlagen auf die Rückseite der Motive sowie unterhalb der Steckhölzer am Tannenbaum aufmalen. Die vordere Fläche der Rundhölzer mit der betreffenden Motivfarbe anmalen.

Jetzt noch zwei Behälter anfertigen. Die einzelnen Teile entsprechend den Angaben aufzeichnen. Großes Päckchen: Vorder- und Rückwand je 11 x 11 cm, 2 Seitenwände à 11 x 5 cm, Bodenteil 11 x 6,2 cm; Kleines Päckchen: Vorder- und Rückwand je 13 x 7 cm, 2 Seitenwände à 7 x 5 cm, Bodenteil 13 x 6,2 cm. Alle Teile aussägen, zusammenleimen und mit 1 cm langen Rundholzstöpseln versehen; anmalen.

Das Zuschnittmaß zum »Christbaum« ist auf der Seite 68 zu finden:
1 = Tannenbaumkontur
Die Zeichnung ist im Maßstab 1 : 4 angelegt.

Die Motivvorlagen sind auf der Doppelseite 68/69 zu finden:
2 = Apfel
3 = Kerze
4 = Herz
5 = Stern
6 = Bär
7 = Buntstift
8 = Igel
9 = Puppe
10 = Engel
11 = Vogel
Diese Vorlagen sind in Originalgröße dargestellt.

Nikolaus

Material
1,9 mm starkes Balsaholz: 10 cm breit, 1 m lang
Schaschlikspieße
Metallpapier: Rot
Schreibmaschinenpapier: Weiß
Bastelfarben: Weiß, Rot, Schwarz, Silber, Gold

Am 1. Dezember hat St. Nikolaus noch gut lachen. Seine Transportsäcke sind reich gefüllt mit vielen kleinen Überraschungen wie Lutschern, kleinen Schokoladetäfelchen, Gummibärchen, Anstecknadeln, Stickern, weihnachtlichen Briefmarken, Transparentbildchen, Wackelbildchen und vielem anderem.
Balsaholz läßt sich leicht mit einer Laubsäge bearbeiten; daher keine Angst vor der Holzstärke. Wir betrachten Zeichnung 3 auf Seite 70 und schneiden das Balsaholz zu: 2 mal 34 cm, 2 mal 16 cm; eines der 16 cm langen Teile der Länge nach auf 6 cm und 4 cm Breite einteilen und durchschneiden.
Jetzt die Holzteile wie dargestellt zusammenleimen. Die Körperformen von St. Nikolaus abpausen, entlang der Strich-Kreuz-Strichlinie zusammensetzen und auf die größere Holzfläche übertragen; die Schnittvorlage dabei etwas drehen. Anschließend den rechten Sack (Schnitteil 3) seitenverkehrt auf die kleinere Holzfläche aufzeichnen. Vorsichtig, der Außenkontur folgend, die Teile aussägen. Extreme Ecken von zwei Seiten ansägen. Nach dem Ausschnitt die Schnittkanten abschleifen, sowie die Eckkanten leicht rundschleifen.
Jetzt die Innenkonturen von St. Nikolaus, wenn nötig, gut erkennbar nachzeichnen. Dem Foto entsprechend Gesicht, Bart, Anzug und Stiefel ausmalen. Den Fleischton erhalten wir durch weiße Farbe mit ein paar roten Farbtupfern. Die angeschnittenen Transportsäcke in einem silbernen/grauen Farbton ausmalen; den einzelnen Sack in Gold/Ocker ausmalen. Alle Konturen in Schwarz nachmalen; die Schuhkontur in Weiß. Zum Einstecken der Geschenksspieße 24 Löcher in die Oberkante der Transportsäcke bohren. Anschließend den goldfarbigen Sack, etwas nach unten versetzt, auf den rechten Sack leimen. Alle Geschenke, soweit kein Stiel vorhanden, an den Holzstäbchen festmachen; Tesafilm verwenden. Ähnlich einem Briefkuvert die Verpackung aus Metallpapier und Schreibmaschinenpapier anlegen. Zum Schluß noch Nummern von 1 bis 24 aufkleben und die Spieße in die vorgegebenen Lochpositionen stecken. Holzstäbchen erst beim Einstecken auf benötigte Länge abschneiden.

Die Bastelvorlagen zum »Nikolaus« sind auf der Doppelseite 70/71 zu finden:
1A+1B = Nikolaus
2 = dritte Sackform
Alle Vorlagen sind in Originalgröße dargestellt.

Eine Zuschnitthilfe befindet sich auf Seite 71:
3 = Teilzuschnitt des Balsaholzes und dessen Flächenmontage
Diese Zeichnung ist im Maßstab 1 : 6 angelegt.

Notenblatt

Material
6 mm Pappelsperrholz: 100 x 100 cm
15 ovale Spanschachteln: 7 - 7,5 cm lang
8 runde Spanschachteln: 5 mal ∅ 3,5 cm, 3 mal ∅ 4,5 cm
1 Weihnachtsliederheft als Geschenk am 24. Dezember
Bastelfarben: Gold, Silber, Gelb, Weiß, Schwarz
24 selbstklebende Glittersterne
1 Folienschreiber: Schwarz

Wir betrachten Zeichnung 1 auf Seite 61. Die Maßangaben wie angegeben auf die Holzplatte übertragen: zuerst das äußere Rechteck, dann mit 10 cm Abstand zur Innenseite ein weiteres Rechteck aufzeichnen; dabei die Linien bis zum großen Rechteck durchziehen. Jetzt können wir ein langgezogenes S entsprechend der Vorlage an den beiden unteren Eckkanten einzeichnen. Diese Linienführung abpausen und zu den oberen Eckkanten übertragen. Das Notenblatt ausschneiden und auf das Pappelholz übertragen. Alle anderen Vorlagen ebenfalls aufzeichnen, dann die Teile aussägen; die Kanten abschleifen. Die Deckel der Spanschachteln, die Holzsterne, die beiden Holznoten sowie den Violinschlüssel entsprechend dem Foto anmalen. Das Notenblatt weiß vorgrundieren, dann die Innenkontur mit den Notenlinien vorzeichnen; letztere im Abstand von 4 bis 4,5 cm anlegen. Das Notenblatt goldfarbig anmalen; weiße Lichtquellen und graue Schlagschatten anlegen. Jetzt die Töne mit Hilfe einer Holznote vorzeichnen, dann ausmalen. Die Spanschachteln dazuleimen und die Glittersterne dazukleben; letztere mit Nummern versehen.
Eine rechtwinkelige Aufhängung auf der Rückseite anbringen; Pappelholzzuschnitt: 15 cm Schenkellänge, 2 cm Schenkelbreite.

Die Bastelvorlagen zum »Notenblatt« sind auf der Seite 61 zu finden:
2 = kleiner Stern
3 = großer Stern
4 = Note
5 = Violinschlüssel
Alle Vorlagen sind in Originalgröße dargestellt.

Zuschnittmaße zum »Notenblatt« befinden sich ebenfalls auf Seite 61:
1 = Darstellung Notenblatt
Diese verkleinerte Darstellungsform ist entsprechend den Maßangaben zu vergrößern.

Al-le Jah-re wie-der

Krippenspiel

Material Schaukasten
6 mm Pappelholz: 100 x 50 cm
Stoffrest
3 mm Rundhölzer: 1 mal 23 cm lang, 1 mal 21,5 cm lang
Schmuckelemente auf Wunsch, z.B.: Perlenkette, Sterne, Tannenzweige, Holzfiguren
Bastelfarbe: Gold, Gelb
Tonkarton: Schwarz; weitere Farben nach Wunsch
Farbiges Transparentpapier: 2 Bastelmappen
Scherenschnittpapier: 2 Bastelhefte
Folienstift: Silber

Die Zuschnittangaben zum Schaukasten sind auf der Seite 75 zu finden:
11 = Vorderseite
12 = Seitenteil
13 = Führungsteil für Karteneinschub
14 = Boden
15 = Kartenschubfach
16 = Stern

Die Scherenschnittvorlagen sind auf den Doppelseiten 76/77 und 78/79 zu finden: 1-24 = Szenen der Weihnachtsgeschichte und Passepartoutvorlage
Diese Vorlagen sind verkleinert dargestellt. Sie müssen um 30 % vergrößert werden; den Fotokopierer bitte auf 130 % einstellen.

Dieses Krippenspiel fasziniert die ganze Familie.
Wir übertragen entsprechend den Maßangaben in der Vorlage alle Bauteile des Schaukastens auf die Holzplatte und sägen sie aus. Zwei Führungsteile entsprechend den Positionsmarkierungen mit 5 mm Abstand zueinander auf die Seitenteile leimen. Letztere wiederum der Schaukastenvorderseite anpassen. Diesen u-förmigen Zusammenbau auf das Bodenteil leimen. Das Schubfach entsprechend der Vorlage ebenfalls zusammenleimen. Jetzt Schaukasten und Kartenschubfach anmalen. Den Stern am Dach aufleimen. Die Vorhangteile zuschneiden: Rüsche: 46 x 6 cm, Seitenteile: je 25 x 20 cm (LxB). Die seitlichen Kanten sowie die untere Kante schmal einsäumen. Die Oberkante versäubern und 1 cm einschlagen; Tunnel nähen. Die Rüsche auf das kürzere Rundholz ziehen und direkt an die obere Ausschnittkante des Schaukastens leimen. Den seitlichen Vorhang auf das längere Rundholz ziehen. 2 cm zurückversetzt auf die Seitenteile des Schaukastens leimen. Jetzt 50 Passepartoutkarten zuschneiden. Die (vergrößerten!) Scherenschnittvorlagen seitenverkehrt auf die Rückseite des Scherenschnittpapiers übertragen und ausschneiden. Das farbige Transparentpapier breitseitig halbieren, die Scherenschnitte aufkleben und das Szenenbild zwischen zwei Passepartoutkarten kleben. Karten durchnummerieren.

Die Weihnachtsgeschichte im Scherenschnitt
Die Weihnachtsgeschichte
11
5
10
2
3
1

Adventskalender aus Holz

22
27
3
7
19
15
12
14
18
5
17
10
20
4
13
6
24
1
9
8

Adventskalender aus Stoff

Adventskranz

Material
1 Strohkranz: ∅ ca. 25 cm
3 Haushaltspapprollen: 2 mal ∅ 4,5 cm, 1 mal ∅ 4,2 cm
1 Pappkarton: 12 x 12 cm
20 Streichholzschachteln
Selbstklebende Nummern: 1 - 24
Filz: Rot, Gelb, Weiß, Orange sowie weitere Farben nach Belieben
Schleifenbänder: 0,5 cm breit, verschiedene Farbtöne
Zwirn: Ocker
4 Postklammern

Dieser Adventskalender besteht aus einem Strohkranz, 4 Kerzen aus Papprollen und vielen bunten Päckchen aus Streichholzschachteln. Er ist handlich, da sich Kerzen und Päckchen leicht öffnen lassen. Wer will, kann dieses Kalendermodell aufstellen oder auch aufhängen. Wir schneiden die Papprollen mit dem größeren Durchmesser auf folgende Längen zu: 1 mal 12cm, 1 mal 10 cm, 1 mal 8 cm, 1 mal 6 cm. Die Papprolle mit dem kleineren Durchmesser 4 mal auf 5 cm Länge zuschneiden. Aus dem quadratischen Pappkarton schneiden wir vier Kreisflächen entsprechend der Vorlage 4 zu. Wir bekleben jeweils eine Seite mit weißem Filz. Auf der anderen Seite tragen wir entlang der Randkante Klebstoff auf und verschließen damit an jeweils einer Seite der 5 cm langen Papprollen die Öffnung. Warten bis der Klebstoff trocken ist! In der Zwischenzeit schneiden wir die Flammen der Kerzen zu. Die Arme der vier Postklammern drücken wir flach zur Kopfkante hin (Zeichnung 6) und kleben die gelben Flammenteile paarweise gegeneinander über den Klammerkopf. Auch hier warten, bis der Klebstoff trocken ist! Jetzt in die Mitte der mit weißem Filz beklebten Kreisflächen ein Loch vorstechen. Die Arme der Postklammern durchstecken und im Rolleninneren auseinanderdrücken. Anschließend die orangefarbenen Flammenteile beidseitig den gelben Flammen anpassen. Nun rote Filzrechtecke zuschneiden: je 1 mal 16 x 16 cm, 16 x 14 cm, 16 x 12 cm, 16 x 10 cm. Diese Filzzuschnitte kleben wir um die Papprollen mit dem größeren Durchmesser. Wir achten darauf, daß die Filzkanten jeweils an der oberen Rollenkante 1 mm, an der Bodenkante 3,9 mm überstehen. Den Filz an der Unterseite ins Rolleninnere schlagen. Diese Kante mit reichlich Klebstoff auf den Strohkranz setzen. Die Flammenverschlußteile oben einstecken.
Jetzt brauchen wir nur noch die Streichholzschachteln mit 5,5 x 10,5 cm großen Filzrechtecken umkleben, mit Schmuckbändern sowie Nummern versehen und am Strohkranz befestigen.

Die Bastelvorlagen zum »Adventskranz« sind auf der Seite 70 zu finden:
4 = Kerzenabschlußteil
5 = Flamme, 2-teilig
Diese Vorlagen sind in Originalgröße dargestellt.

Eine Bastelhilfe ist ebenfalls auf Seite 70 zu finden:
6 = Montage am Kerzenabschluß

22
23
7
14

Stiefelparade

Material
Filz:
möglichst viele verschiedene Farbtöne
Vlies (auch kurzfloriger Plüschstoff möglich) oder Filz:
Weiß
1 Tannzweiggirlande (Kaufhaus) oder 1 Bund frisch geschnittene Tannenzweige
Schleifenband:
80 cm lang, 7 cm breit
2 Glöckchen:
∅ ca. 4 cm
1 schmückendes Weihnachtsmotiv (z.B.: Plüschbärchen mit Nikolausmütze)
Knopflochgarn (auch Zwirnfaden möglich):
Weiß
5 mm Rundholz:
60 cm lang

Eine Bastelvorlage zu »Stiefelparade« ist auf der Seite 64 zu finden:
6 = Stiefelschablone

Ein Adventskalender, der jede Kinderzimmertüre dekorativ schmückt. Die Nummern sind bei diesem Modell mit der Nähmaschine aufgestickt. Wem dies zu schwierig erscheint, der kann die Zahlen auch von Hand im Steppstich, Plattstich oder auch Kreuzstich aufstikken.

Wir pausen die Stiefelform von Seite 64 ab, schneiden sie aus und erhalten so unsere Zuschnittschablone. Letztere stecken wir auf einen Filzfleck und schneiden exakt die Stiefelkontur aus. Wir entfernen die Schablone, stecken den Filzstiefel auf den gleichen Filzfleck und schneiden ihn ein zweites Mal zu. Erstmals zur Seite legen und den ganzen Vorgang 23 mal wiederholen. Wichtig! - Alle Stiefel paarweise zuschneiden. Anschließend die Nähmaschine auf Stichlänge 0,5 mm (1 mm) und auf Stichbreite 2,5 mm einstellen. Wir zeichnen mit Bleistift oder Kreidestift (aus der Schneiderei bekannt) jeweils auf das oberste Stiefelteil eine Zahl von 1 bis 24 auf. Die Zahlen entsprechend nachsticken und Nähgarn in kontrastierender Farbe verwenden. Für den Pelzbesatz schneiden wir 48 mal 9 x 5 cm große Rechtecke aus Filz, Vlies oder Plüsch zu. Die Pelzbesätze paarweise 1 cm unter die oberen Stiefelkanten schieben. Letztere knappkantig abnähen; Pelzbesatz dabei mitfassen. Überstehenden Besatz entsprechend der ersten Grafik nach außen hin schräg abschneiden. Stiefelteile paarweise zusammenlegen und knappkantig zusammennähen (2. Grafik). Den Besatz nach außen hin zur Stulpe umschlagen. Jetzt die Aufhängevorrichtung anfertigen. Tannenzweige oder Girlande mit Bindedraht am Rundholz befestigen. Mit einem schmalen Schleifenband das Ganze ausmitteln und aufhängen. Alle Stiefel mit Knopflochgarn in unterschiedlichen Längen am Rundstab befestigen.

Als dekorativen Abschluß ein Schleifband mit Glöckchen bestückt in der Stabmitte befestigen.

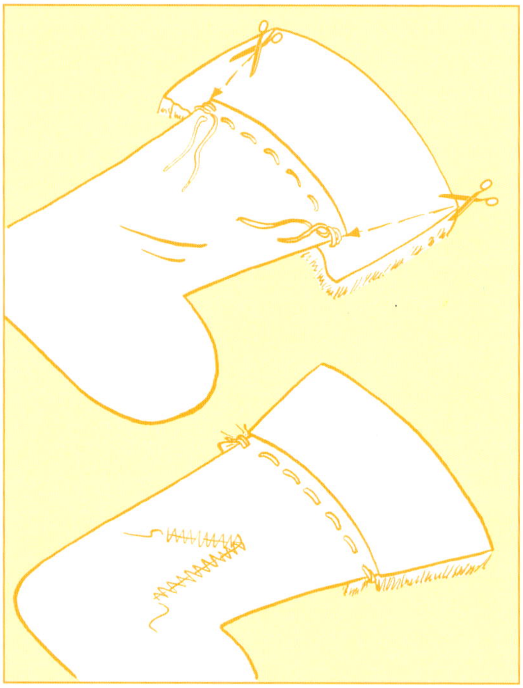

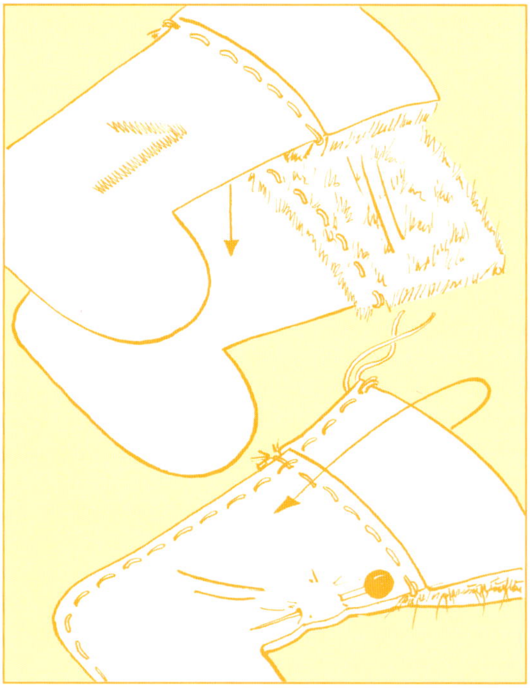

Beide Grafiken zeigen von links nach rechts die Anfertigung eines Stiefels.

3
1
23
24
19
20
9
4
6
14
5
7
17
16
21
15
2

Wandbehang

Material
Baumwollstoff (140 cm breit): Grün, 1,40 m
Baumwollstoff (140 cm breit): Gelb, 30 cm
Filz: Rot, Schwarz, Beige; weitere Farben nach Belieben
Plüschrest für Pelzbesatz
Stoffrest für Hemdsärmel
Vliesline: aufbügelbar; 1,10 m
Schleifenband: 10 cm breit, 40 cm lang
10 - 12 mm Rundholz: 70 cm lang
2 Wattekugeln: ⌀ 2,5 cm

Wir schneiden den grünen Baumwollstoff in zwei Größen zu: 1 mal 110 x 67 cm und 1 mal 70 x 67 cm. Das größere Stoffteil auf der linken Stoffseite mit Vlieseline verstärken. Auf die rechte Seite entsprechend Zeichnung 1 auf Seite 72 die Faltenbruchlinien einzeichnen. Letztere entsprechend Zeichnung 2 in Bruch legen und mit 2 mm breiten Zick-zack-stichen sowie 1 cm Kantenabstand abnähen; seitlich wiederum 3 cm Kantenabstand halten. Entsprechend Zeichnung 3 die Falten nach oben legen, so daß wir eine Faltentiefe von 7 cm erhalten; feststecken. Waagrecht gelegte Falten 5 mal unterteilen und an betreffenden Stellen senkrechte Hilfslinien ziehen. Letztere ab oberster Faltenbruchkante bis 7 cm unterhalb der untersten Faltenbruchkante entlangzackeln. Jetzt erst die unten abgrenzende Zick-zacknaht nähen. Beide Sackvorlagen aus dem gelben Stoff zuschneiden. Die Schnittmuster durchschneiden und entsprechend Zeichnung 8 auseinanderrücken, aufstecken und mit großzügigem Bauch erneut zuschneiden. Diese Bauchkante einkräuseln. Schnitteile jetzt paarweise rechts auf rechts zusammennähen. Beide Sackteile wenden. Die Eingriffkanten einsäumen. Nahtkanten bügeln und am Wandbehang-Vorderteil aufnähen. Die einzelnen Körperteile vom Nikolaus entsprechend der Vorlage auf die obere Sackkante aufnähen; Zick-zack-stich verwenden. Die Augen aufsticken. Päckchenformen in unterschiedlichen Größen zuschneiden, die Kanten einschlagen und aufnähen. Wandbehang-Vorderteil und Rückteil rechts auf rechts zusammenstecken. Vier 10 cm lange, doppelt gelegte Bänder an der Oberkante einschieben und alle Kanten ringsum abnähen. An der Unterkante eine 20 cm lange Öffnung stehen lassen und den Wandbehang dort verstürzen.
Die Kanten bügeln und mit 2 cm Abstand abzackeln. Entsprechend dem Foto fertigstellen.

Die Bastelvorlagen zum »Wandbehang« sind auf der Doppelseite 72/73 zu finden:
4 = Nikolaus
5 = rechtes Bein
6 = kleiner Sack
7 = großer Sack
Alle Vorlagen sind in Originalgröße dargestellt.

Maßangaben zum Wandbehang sowie Arbeitshilfen befinden sich auf der Seite 72:
1 = Zuschnitt und Falteneinteilung
2 = Abnähen eines Faltenbruches
3 = Faltenlegung

Beide Grafiken zeigen die Anfertigung eines Transportsackes.

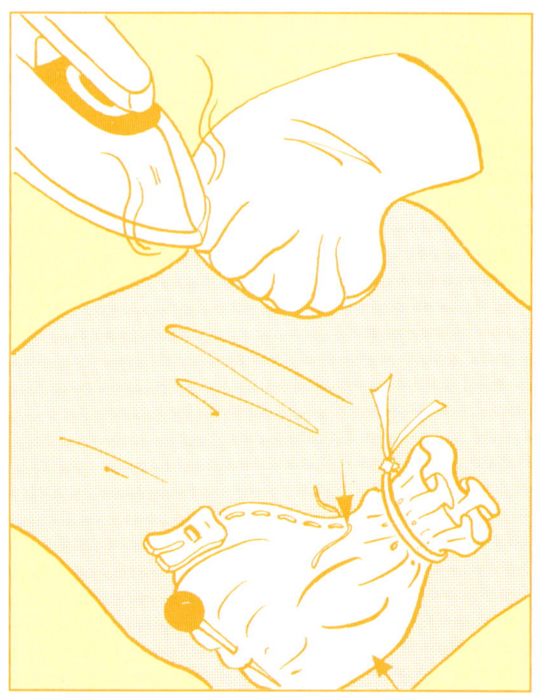

Nikolaussack

Material
Sackleinen (ab 90 cm Breite): 70cm
Filz: Weiß, Schwarz, Rot, Orange, Gelb, Hellblau, Violett, Grün, Braun, Beige
Plüsch: 30 x 30 cm

Die Bastelvorlagen zum »Nikolaussack« sind auf der Doppelseite 74/75 zu finden:
1 = Bär
2 = kleiner Apfel für Sackmotiv
3 = Lebkuchen
4 = Auto
5 = Herz
6 = Stern für Nummern
7 = Lebkuchenmann
8 = Orange
9 = Buntstift
10 = großer Apfel
Alle Vorlagen sind in Originalgröße dargestellt.

Hier zeigt Nikolaus, was er alles mitgebracht hat. Kunterbunt purzeln viele Geschenke aus seinem Leinensack, die wiederum viele kleine Überraschungen bereithalten.
Wir pausen alle Vorlagen ab, schneiden sie aus und stecken sie entsprechend der Motivdarstellung auf das farblich zutreffende Filzmaterial; Apfel auf Rot, Lebkuchen auf Braun u.s.w. Sie können auch selbst einige Motive dazugestalten. Einfach ein paar Bauklötze nehmen, die Kontur auf einem Stück Papier nachzeichnen, ausschneiden, dann die Formen aus Filz zuschneiden. Alle Motive paarweise zuschneiden. Das eine oder andere Motiv erneut ausschneiden, bis 24 Filzmotive vor uns liegen. Auch die Motivdetails paarweise ausschneiden und mit Handstichen an Ort und Stelle nähen; zum Beispiel das Spielzeugauto: zuerst die Fenster, dann die Scheinwerfer, die Rücklichter und zuletzt die Räder an der Karosserie aufnähen. Karosserieteile links auf links aufeinanderlegen, zusammenstecken, dann ringsum zusammennähen; oberhalb eine kleine Öffnung für den Eingriff stehen lassen. Die Einzelteile des Buntstiftes mit Hand an- und übereinandernähen. Die Teile paarweise zusammenlegen und von einem Eckpunkt über die Buntstiftspitze zum anderen Eckpunkt knappkantig zusammennähen. Beim Apfel vor dem Zusammennähen Stiel, Blatt und schwarzen Butzen-

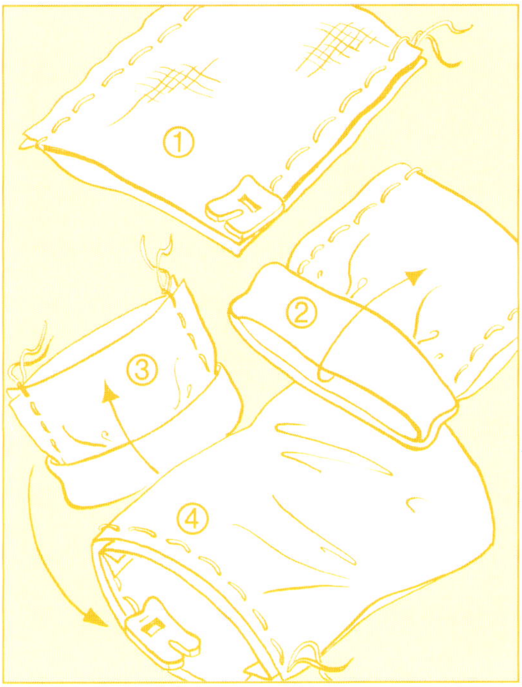

*Die **erste Grafik** links zeigt die Anfertigung eines Autos.*

*Die **zweite Grafik** rechts zeigt die Anfertigung des Nikolaussackes.*

bart einschieben; letzteren fransig einschneiden. Alle anderen Motive entsprechend anfertigen. Die Sternvorlage 24 mal aus weißem Papier ausschneiden und mit Nummern versehen, dann auf die Filzmotive aufkleben. Jetzt das Sackleinen auflegen und zuschneiden: 1 mal 90 x 35 cm (Sackteil) und 2 mal 45 x 35 cm (Stulpenteile). Körperteile des Bären aus Plüsch zuschneiden und auf einer Sackhälfte aufstecken; die Kanten abzackeln. Am besten die Nähmaschine auf 4 - 5 mm Stichbreite und 1 mm Stichlänge einstellen. Schnauze und Maul ebenfalls maschinell einsticken; die Fliege wiederum aufsticken. Augen und Nase von Hand dazusticken. Die Äpfel aus rotem Filz mit grünen Blättern auf dem Sack plazieren und maschinell aufsteppen. Wir beachten die zweite Grafik oben und legen entsprechend Position 1 das Sackteil hälftig zusammen. Rechts und links entlang den Kanten zusammennähen. Entsprechend Position 2 rechte Seite nach außen wenden. Jetzt legen wir die beiden kleineren Stulpenteile aufeinander und nähen auch hier entlang den längeren Kanten die Teile zusammen (Position 3); wenden. Das Stulpenteil rechts auf links in das Sackteil einschieben (Position 4) und zwar so, daß Naht auf Naht und Kante auf Kante treffen; zusammennähen. Wir versäubern die lose Stulpenkante und rollen sie ein. Jetzt noch ein Schleifenband entsprechend dem Foto an einer seitlichen Nahtkante oben und unten anknoten und den Leinensack aufhängen. Alle Motive mit unterschiedlich langem Knopflochgarn versehen und am Sackrand befestigen.

Mein Tip!

Wer keinen Plüschstoff zur Hand hat, kann auch weißes Filzmaterial verwenden. Diese Teile dann nicht am Leinensack applizieren, hier genügt ein knappkantiges Aufsteppen.

Eilige Engelspost

Material
Futterstoff (140 cm breit):
Weiß, 50 cm
Gelb, 20 cm
Blau, 20 cm
Messing, 20 cm
Vliesmaterial:
2 mal 60 x 50 cm
Füllwatte:
kleiner Beutel
Vlieseline: selbstklebend, 20 cm
Satinband: Blau, 1,50 m
Saumfix Bügeleinlage (Gütermann): 3 mm breit

Die Bastelvorlage zu »Eilige Engelspost« sind auf der Seite 69 zu finden:
13 = Engel
14 = kleiner Stern
15 = großer Stern
Diese Vorlagen sind in Originalgröße dargestellt.

Weitere Schnittvorgaben inklusive Maßangaben befinden sich ebenfalls auf Seite 69:
12 = Wolke
16 = Zuschnitt der Päckchen

*Die **erste Grafik** links zeigt die Technik der Steppstoffherstellung.*

*Die **zweite Grafik** rechts zeigt das Verstürzen des Taschenfutters sowie das Aufbügeln der Saumfix-Bügeleinlage.*

Zuerst übertragen wir die Wolkenkontur entsprechend der Zeichnung 12 von Seite 69 auf ein Schnittmusterpapier: Rechteck aufzeichnen, waagrecht und senkrecht zu den Eckpunkten der Wolke messen und gemessenes Vorlagenmaß mit 4fachem Multiplikator auf den Originalschnitt übertragen. Die Maßbeispiele in der Vorlage entsprechen bereits den Originalmaßen. Futterstoff auf das Vliesmaterial aufstecken. Im Abstand von 6 cm diagonale Hilfslinien ziehen und entlang dieser Linien beide Materialien zusammensteppen. Im rechten Winkel dazu erneut absteppen. Das zweite Steppstoffteil genauso anfertigen. Den Wolkenschnitt auf die Futterseite aufzeichnen.
Körperteile des Engels abpausen und ausschneiden. Schnittmusterteile entsprechend den Angaben auf farblich zutreffenden Futterstoff legen (Foto beachten!), benötigte Menge abschneiden und mit Vlieseline verstärken. Schnitteile zuschneiden und auf die Wolke applizieren; auch letztere zuschneiden.
Das Schnittmuster der Wolke entlang der eingezeichneten Hilfslinie trennen und das obere Schnitteil 2 mal aus dem gelben Futterstoff zuschneiden; entsprechende Steppstoffkante damit verstürzen; in die Ecken einschneiden! Entlang der unteren Futterkante Saumfix aufbügeln; Papier noch nicht abziehen! Jetzt die Wolkenteile miteinander verstürzen; alle Ecken einschneiden! Nahtkante bügeln und 1 cm breit absteppen (nicht die Taschenkanten). Die untere Wolkenhälfte mit Füllwatte versehen. Taschenfutter durch Bügeln zusammenkleben; Papier vorher entfernen. Für die Säckchen Futterstreifen entsprechend Zeichnung 16 zuschneiden, auf Säckchenbreite einteilen, die Längskanten schmal einsäumen, eine Säckchenhälfte mit Vlieseline verstärken, Zahlen aufsticken, dann Säckchen zuschneiden, hälftig legen und seitliche Kanten abnähen. Entsprechend dem Foto fertigstellen.

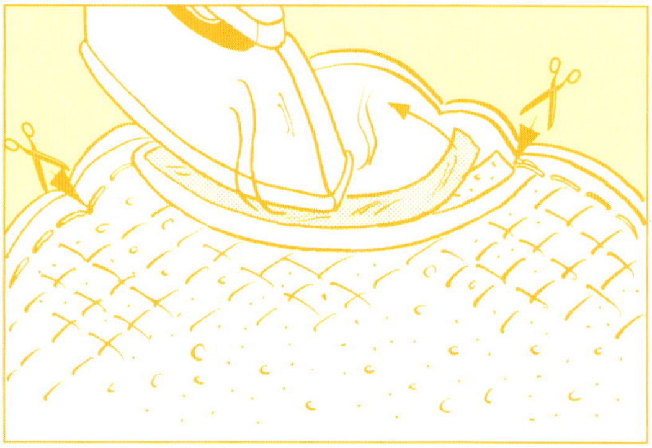

9
4
17
8
14
11
15
10
3
2

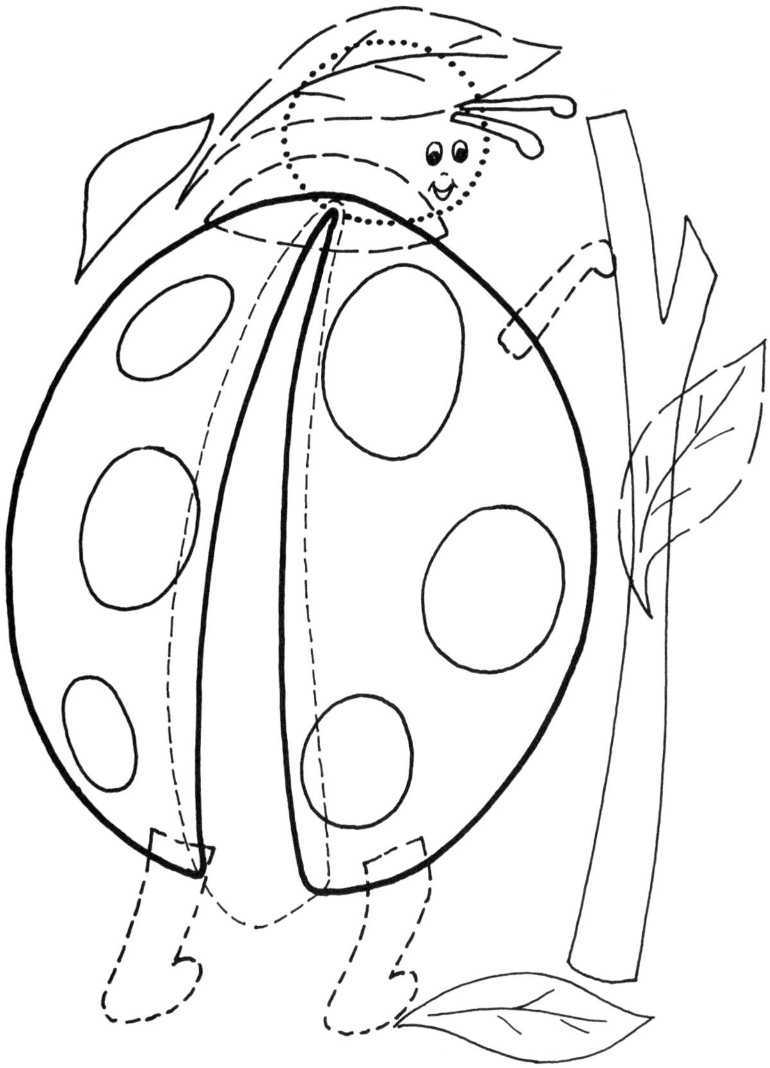

Viel
Glück!

Absender:
Das
Christkind
EILT!

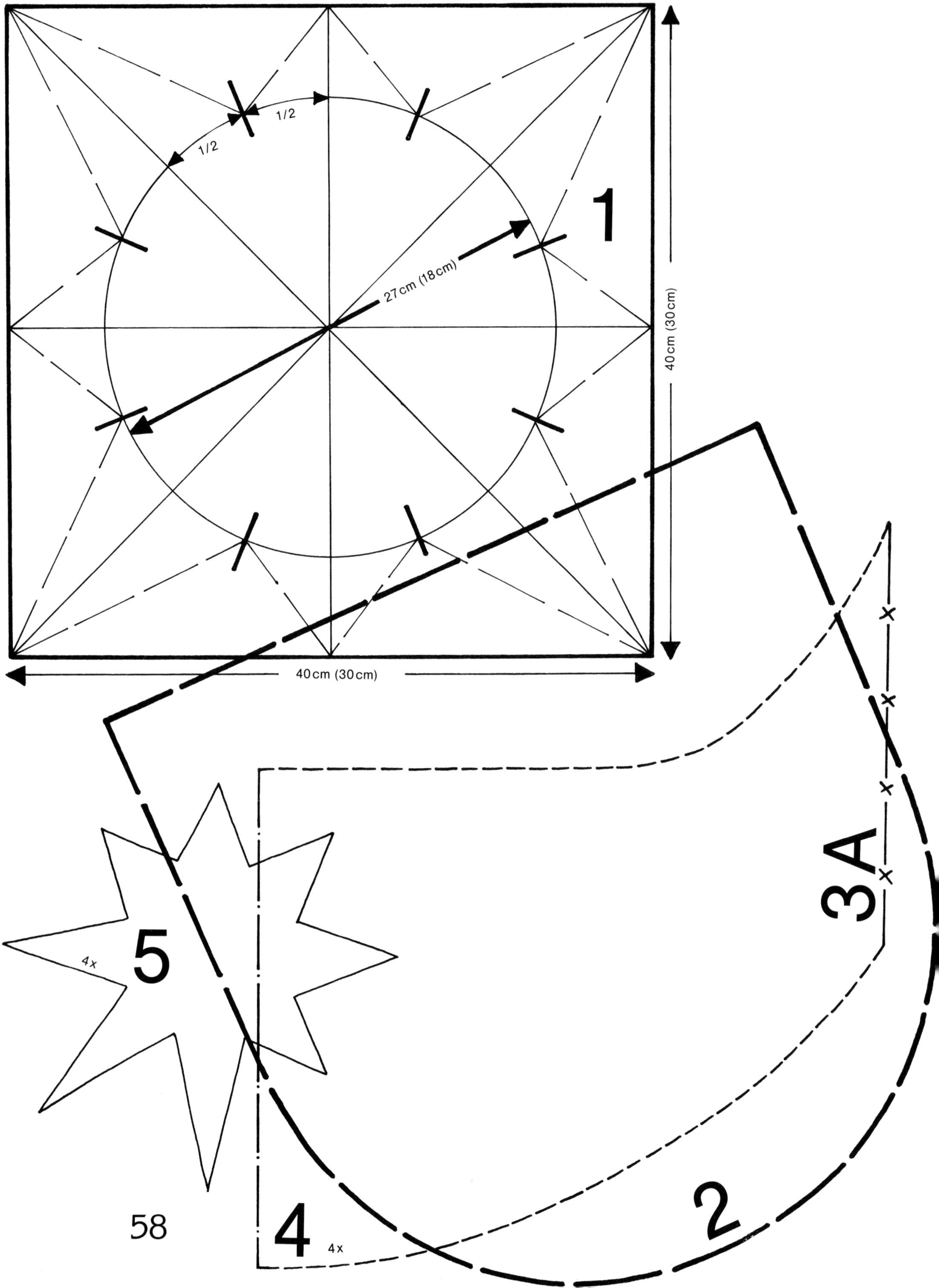
1/2
1/2
27cm (18cm)
1
40cm (30cm)
40cm (30cm)
3A
5
4x
2
4
4x

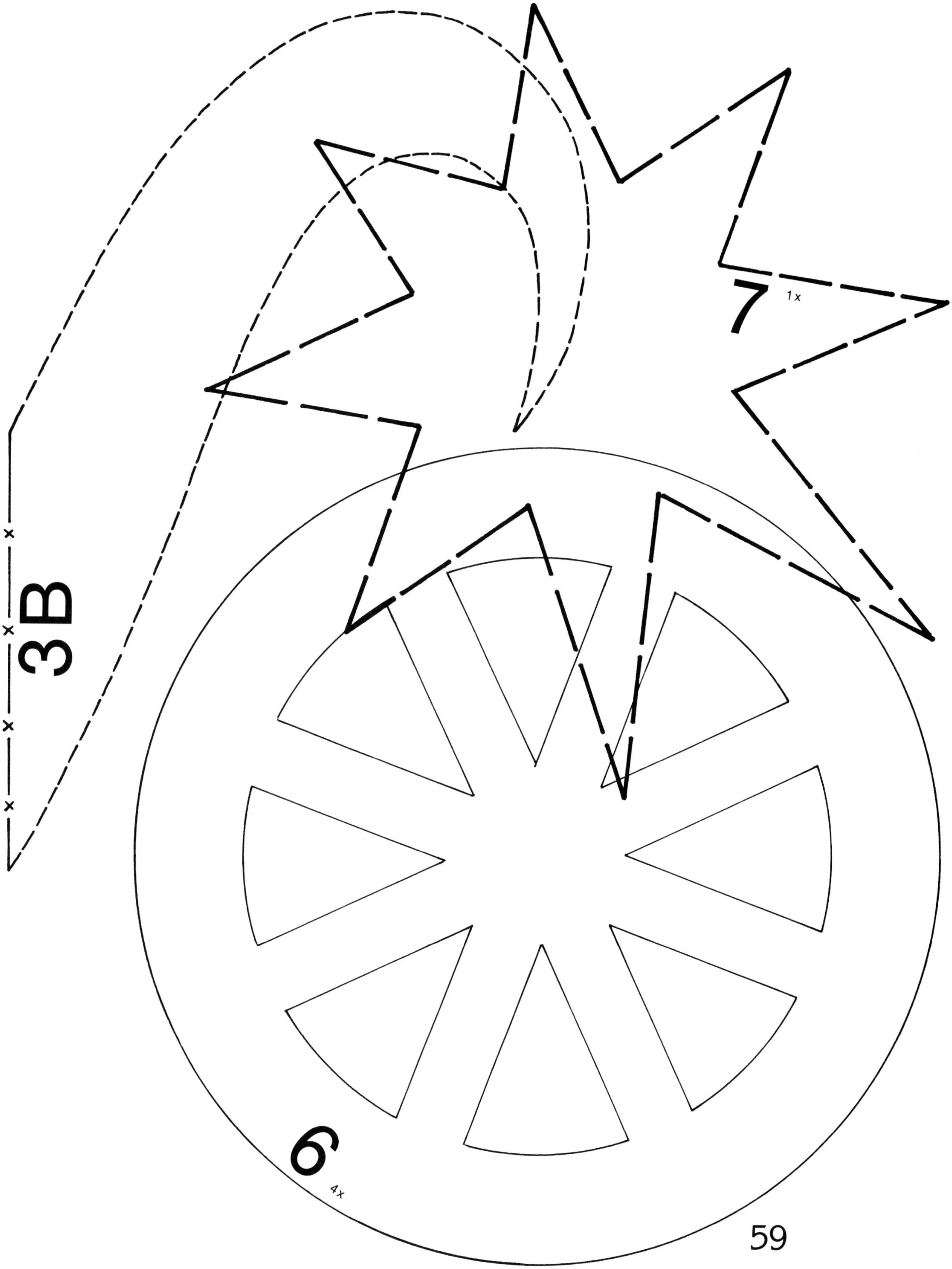
3B
7
1x
6
4x

2
1x
1x
3
1x
1x
1x
1
4
1x
5

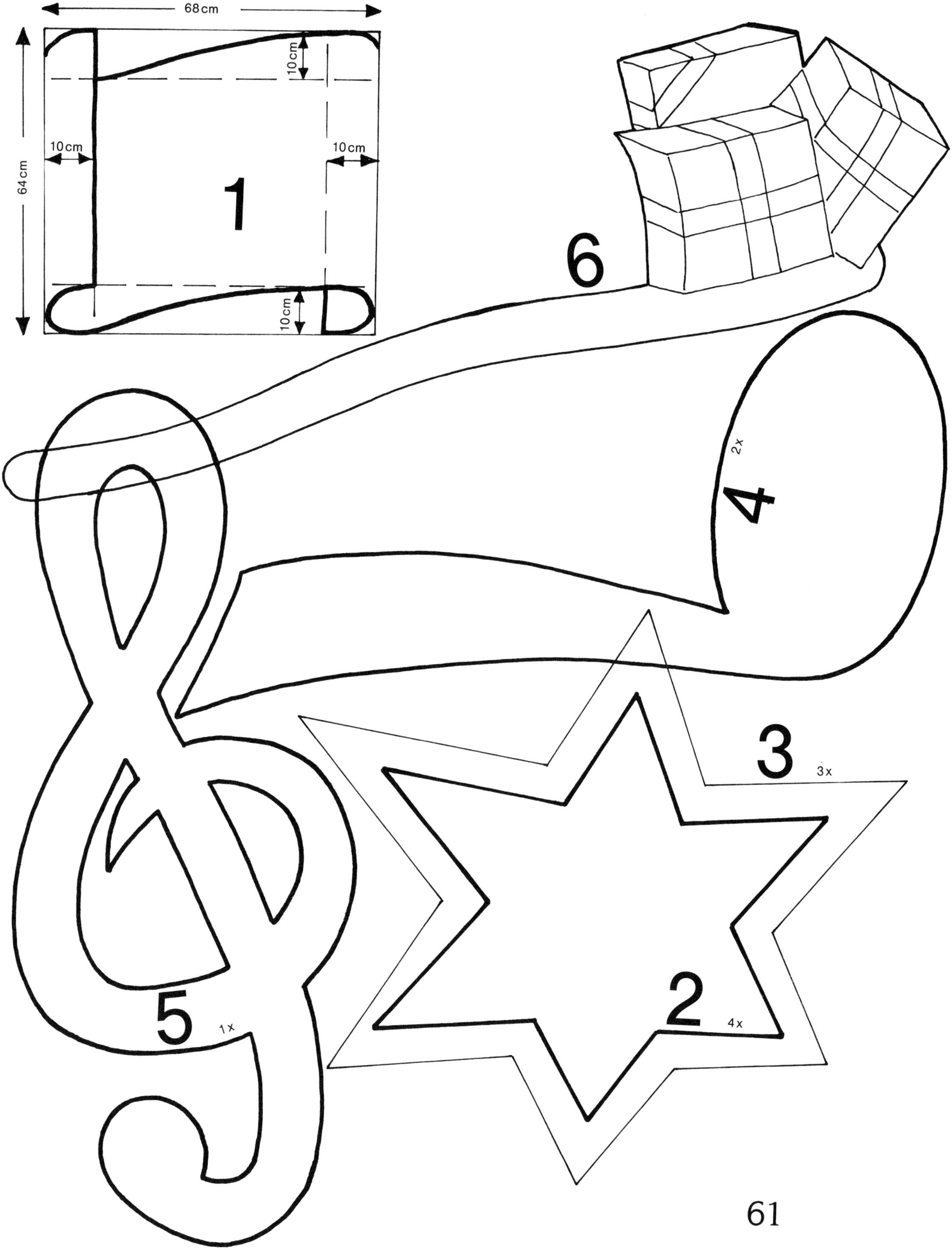
68 cm
64 cm
10 cm
10 cm
10 cm
10 cm
1
6
4
2x
3
3x
2
4x
5
1x

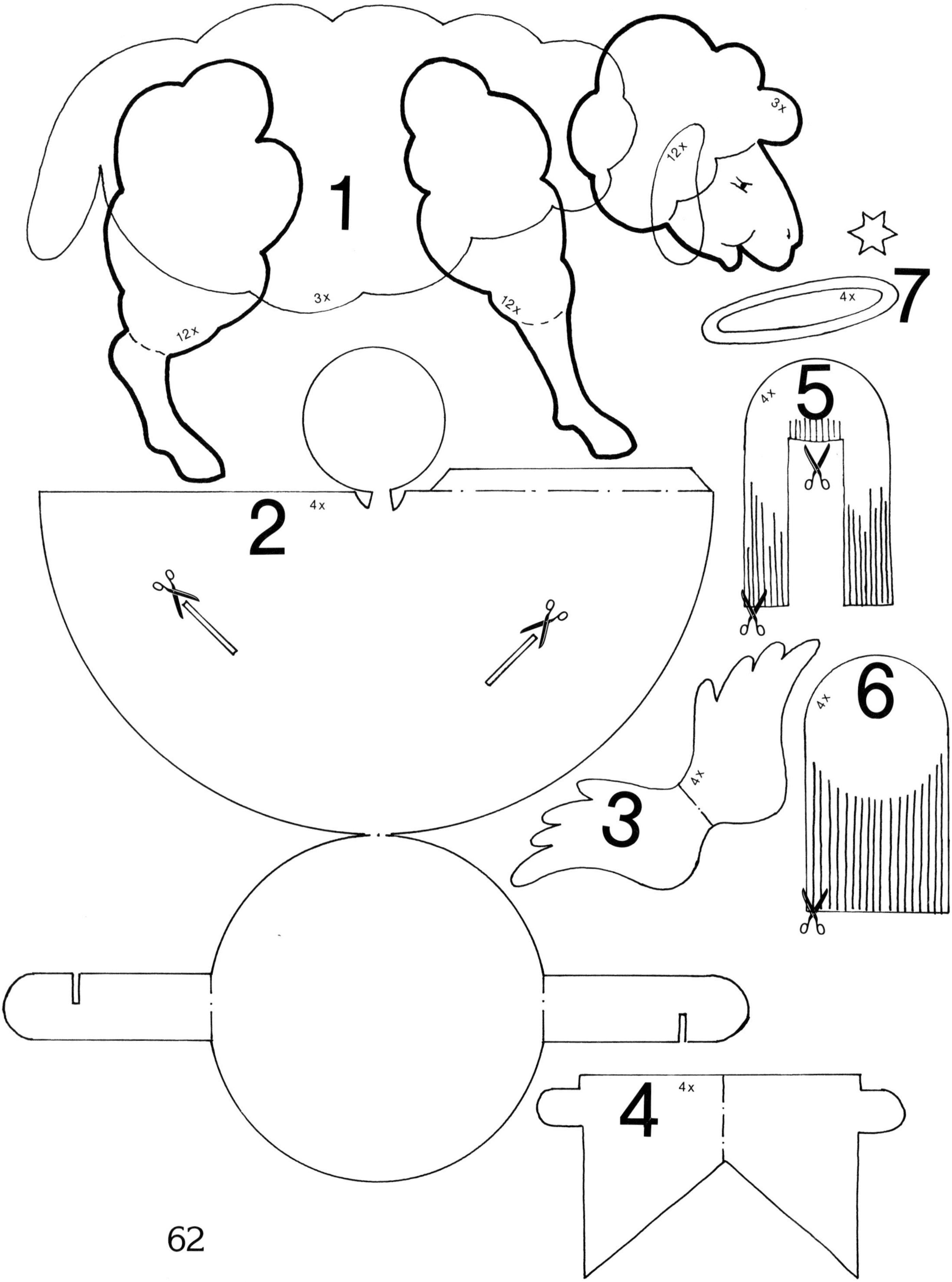
1
3x
12x
3x
12x
12x
7
4x
5
4x
2
4x
6
4x
3
4x
4
4x

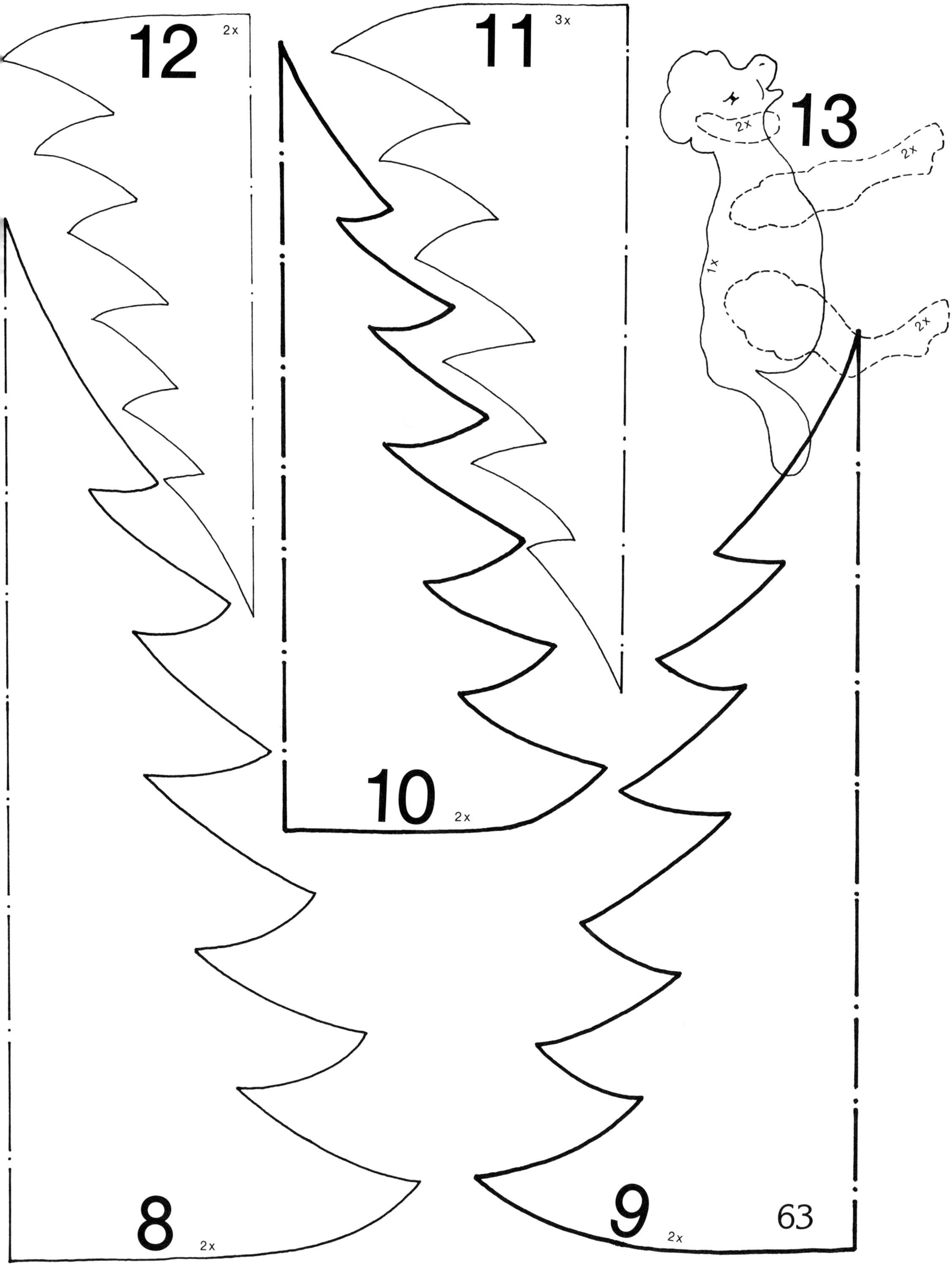

12
2x
11
3x
13
2x
2x
1x
2x
10
2x
8
2x
9
2x

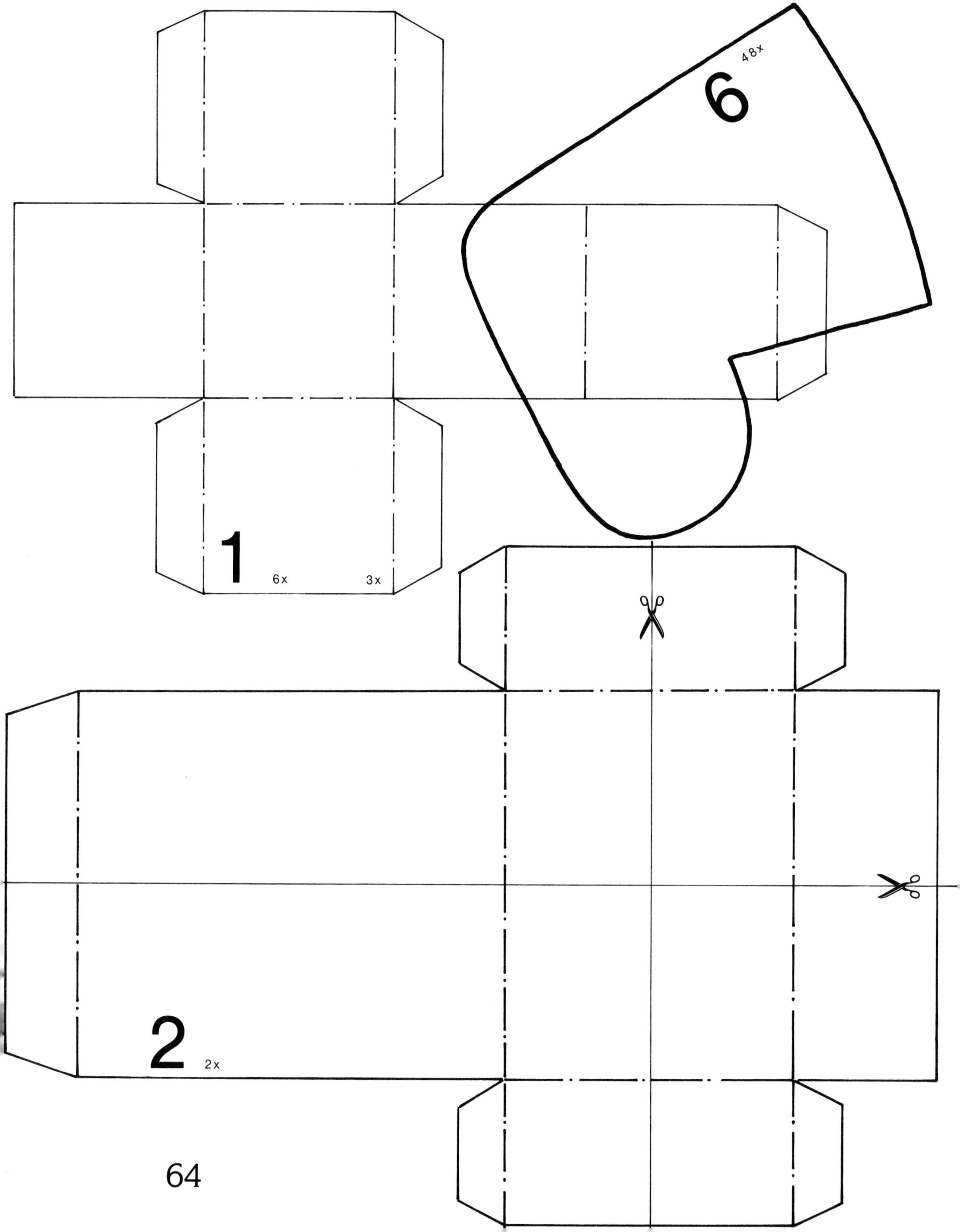
6
48x
1
6x
3x
2
2x

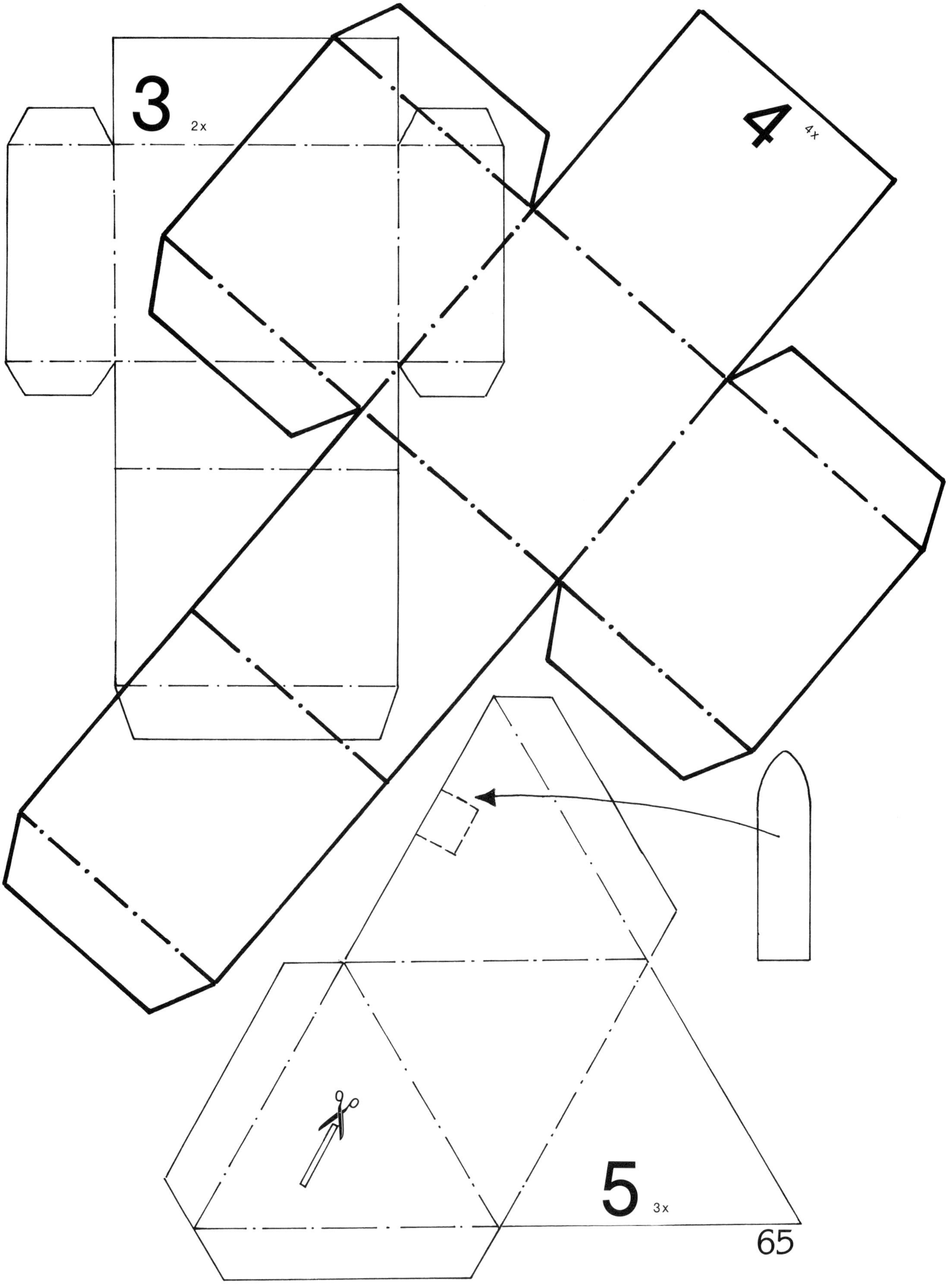
3 2x
4 4x
5 3x

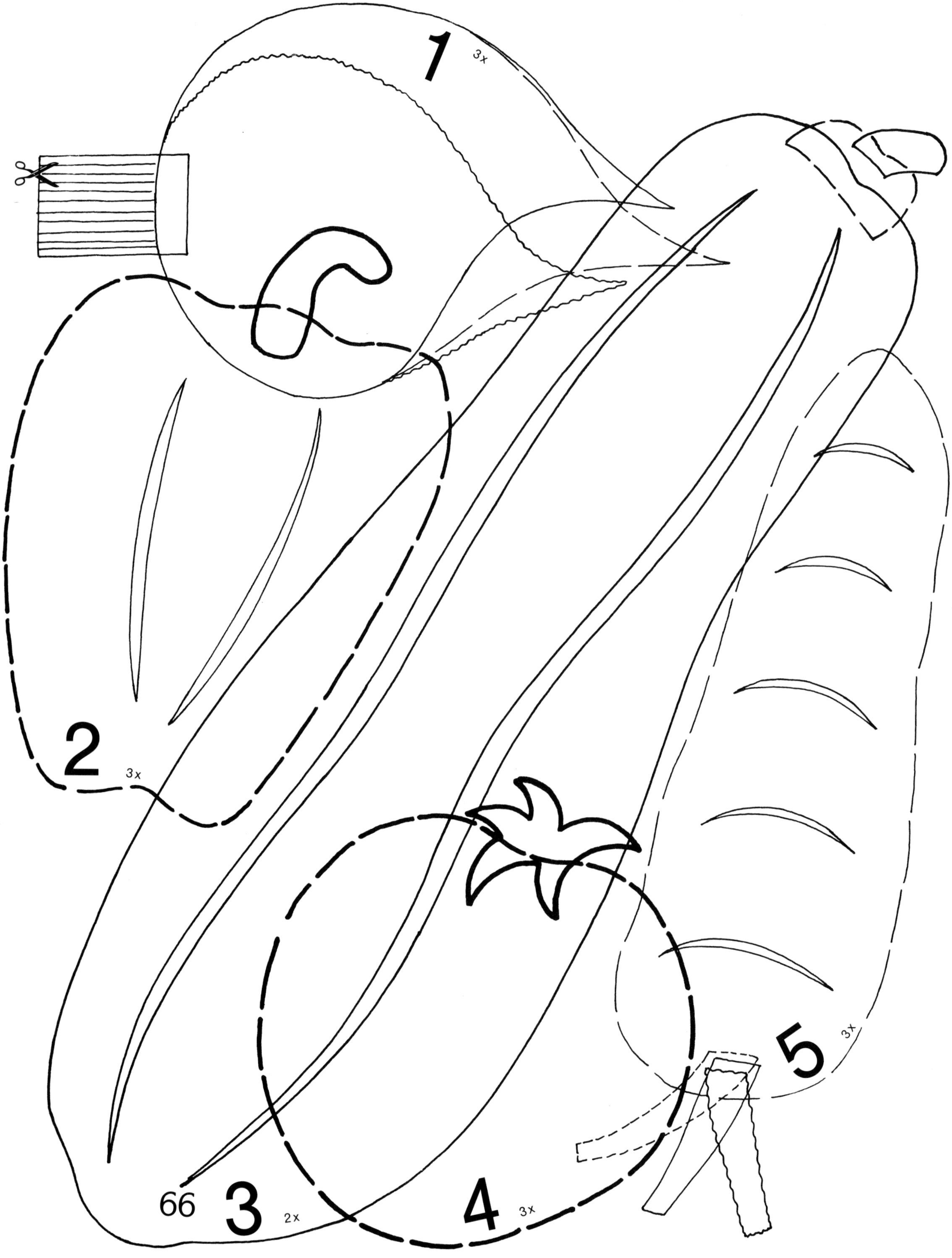
1 3x
2 3x
3 2x
4 3x
5 3x

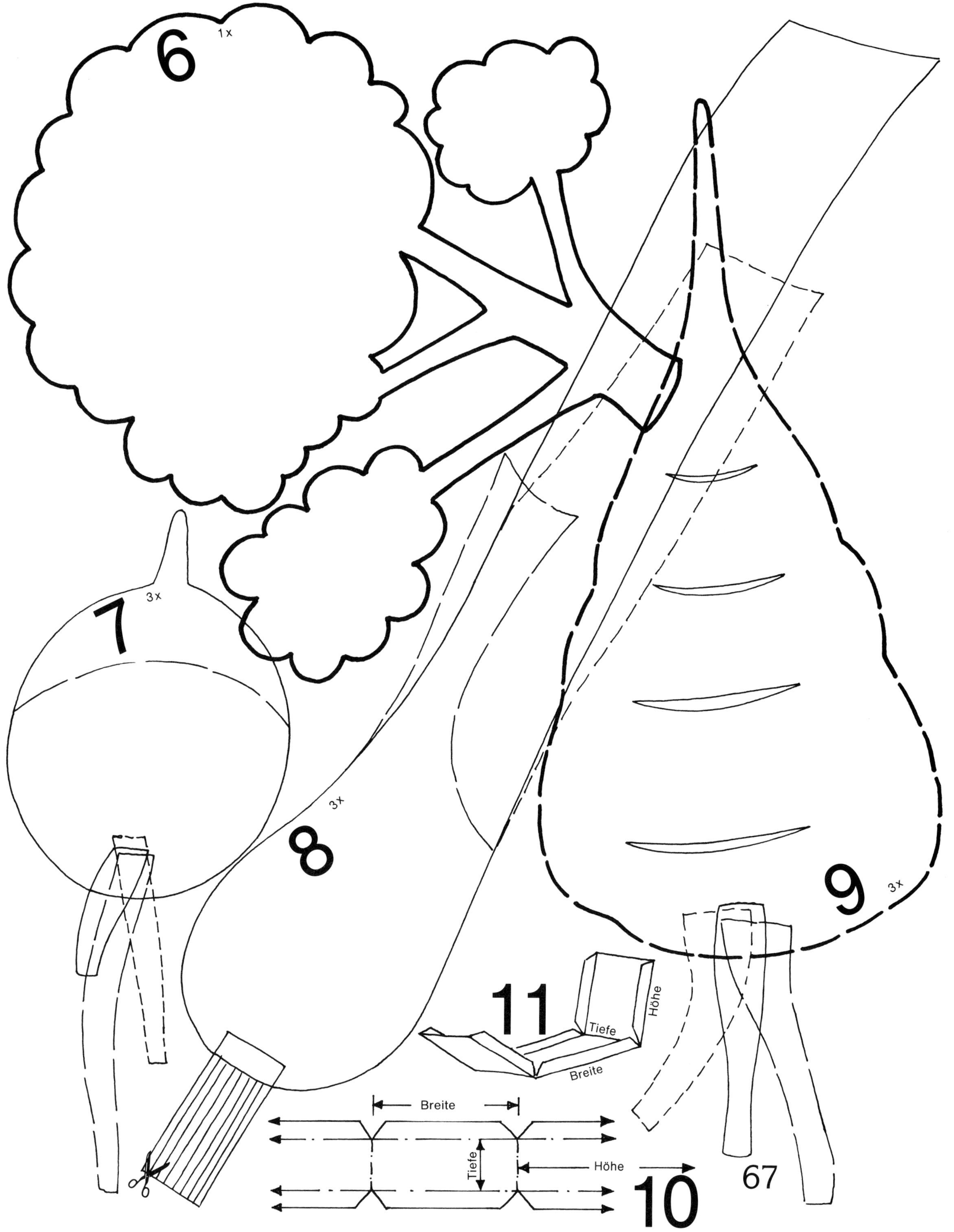
6
1x
7
3x
8
3x
9
3x
11
Höhe
Tiefe
Breite
Breite
Tiefe
Höhe
10

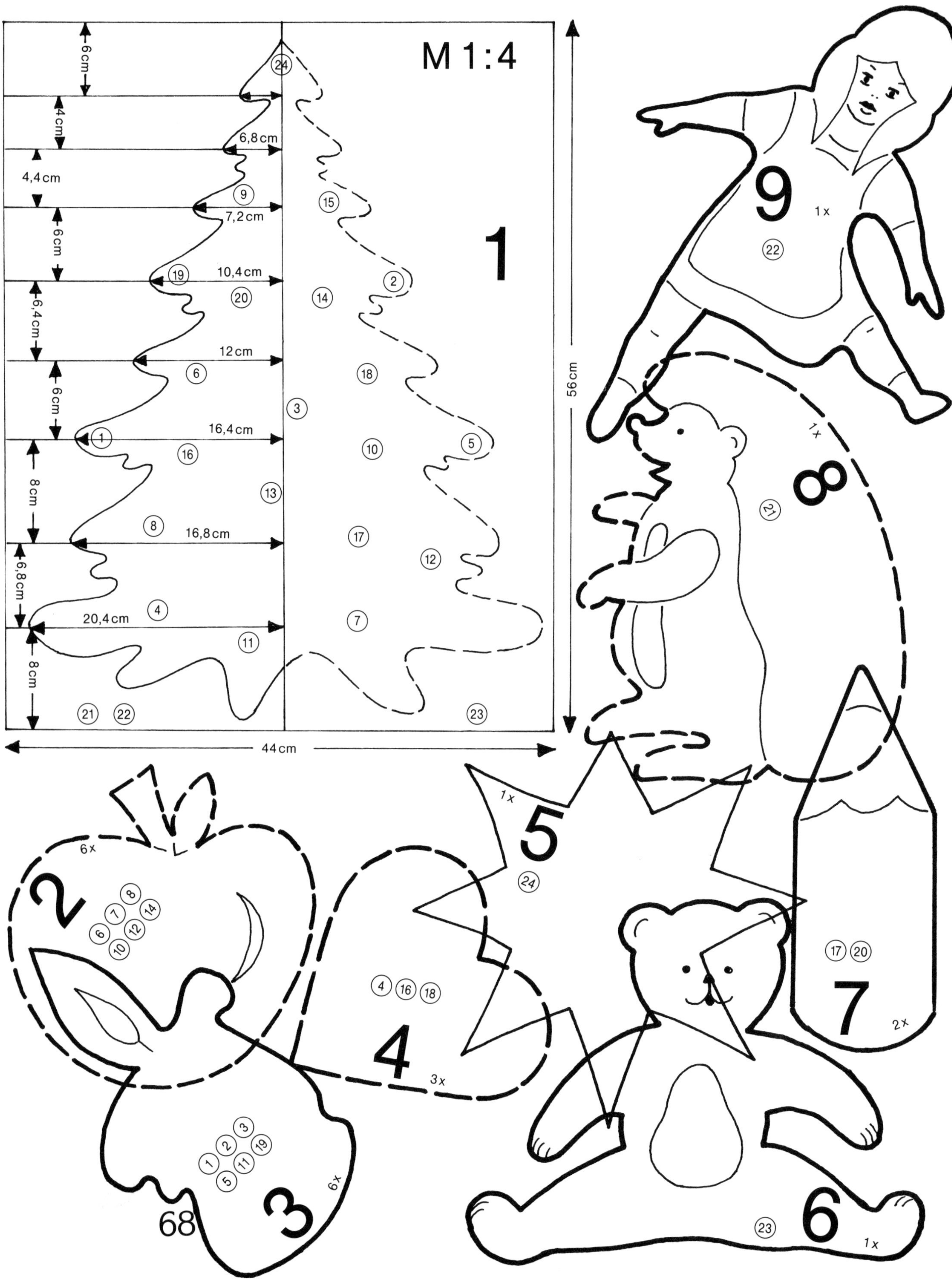
M 1:4
1
6 cm
4 cm
4,4 cm
6 cm
6,4 cm
6 cm
8 cm
6,8 cm
8 cm
6,8 cm
7,2 cm
10,4 cm
12 cm
16,4 cm
16,8 cm
20,4 cm
44 cm
56 cm
2
6x
3
6x
4
3x
5
1x
6
1x
7
2x
8
1x
9
1x

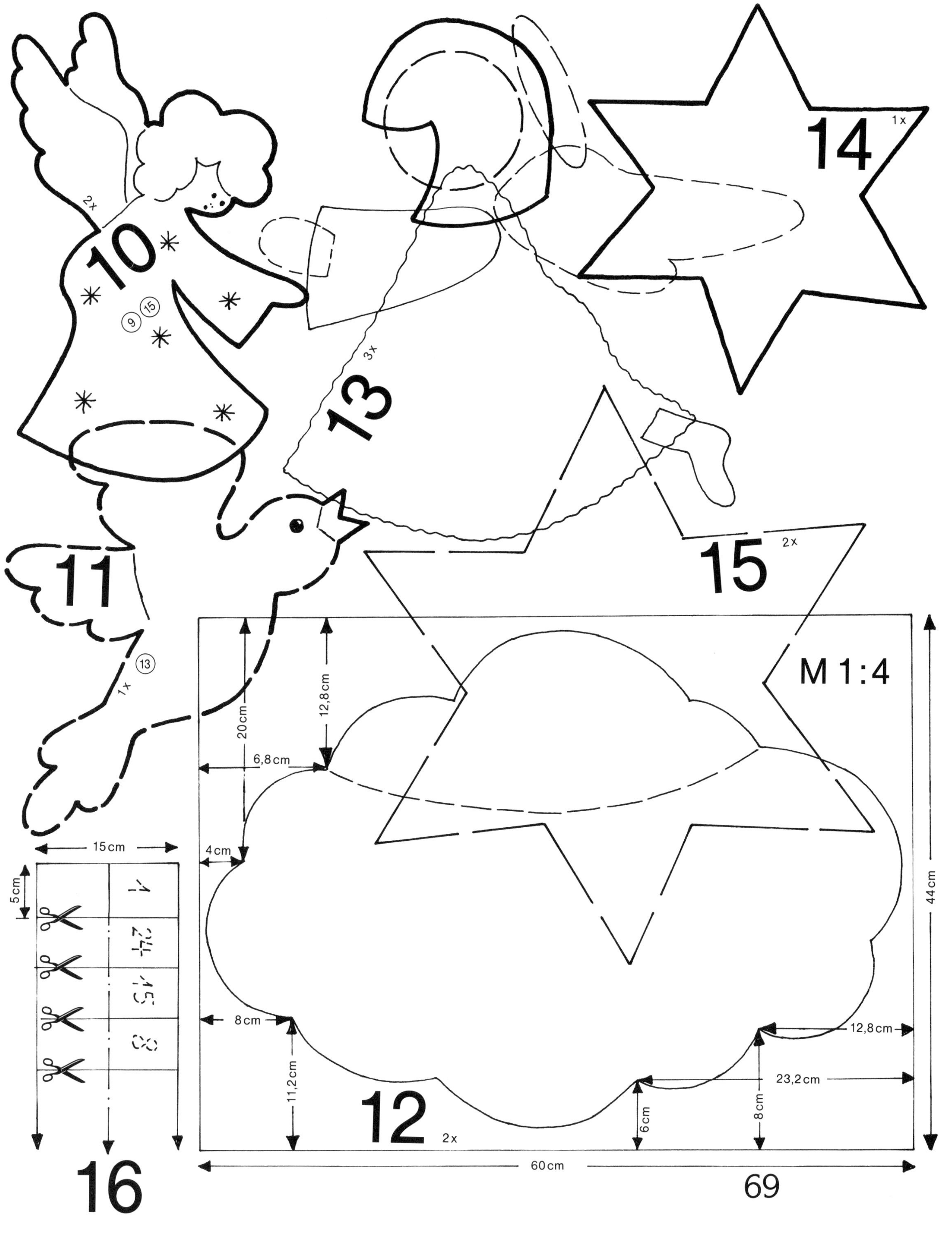
10
2x
9
15
11
13
1x
13
3x
14
1x
15
2x
M 1:4
20 cm
12,8 cm
6,8 cm
4 cm
8 cm
11,2 cm
12
2x
6 cm
8 cm
23,2 cm
12,8 cm
44 cm
60 cm
15 cm
5 cm
16

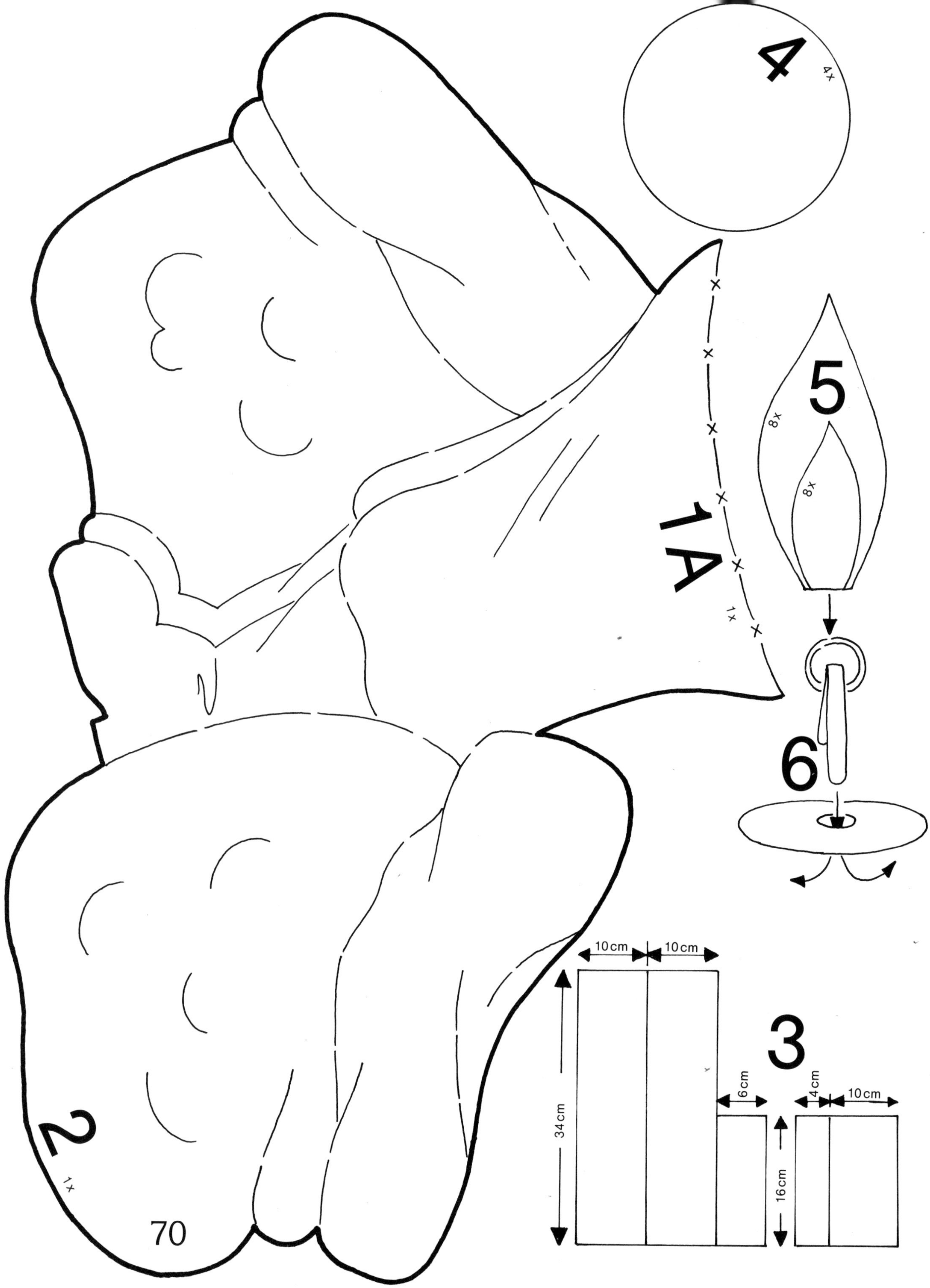
4
4x
5
8x
8x
6
1A
1x
2
1x
3
10 cm
10 cm
34 cm
6 cm
16 cm
4 cm
10 cm

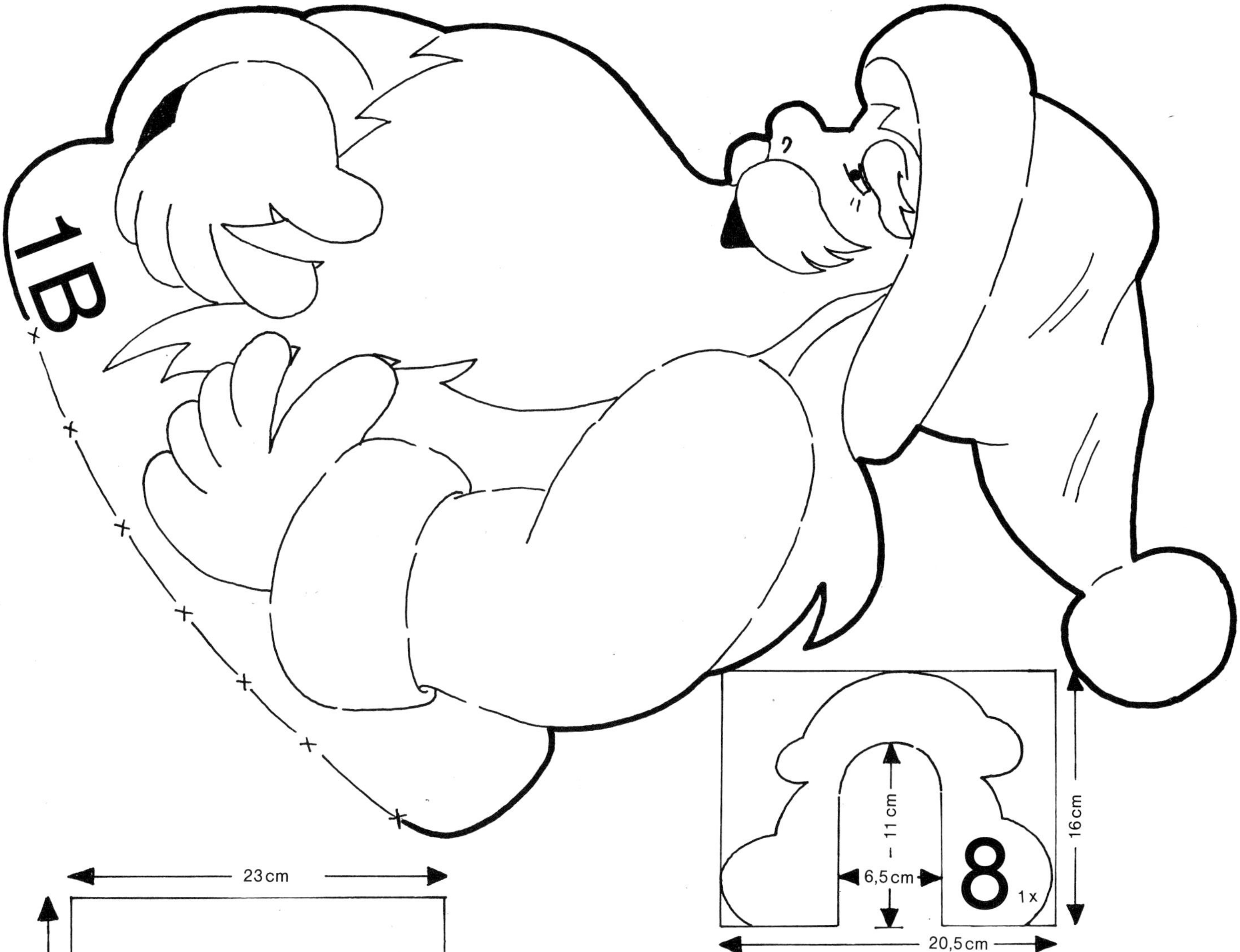
1B
11 cm
6,5 cm
16 cm
20,5 cm
8
1 x

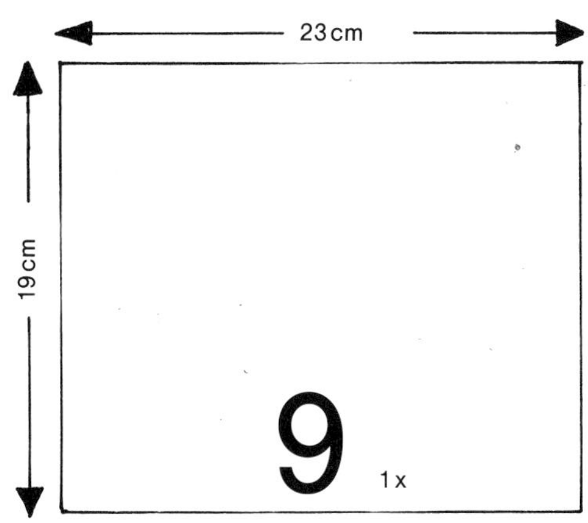
23 cm
19 cm
9
1 x

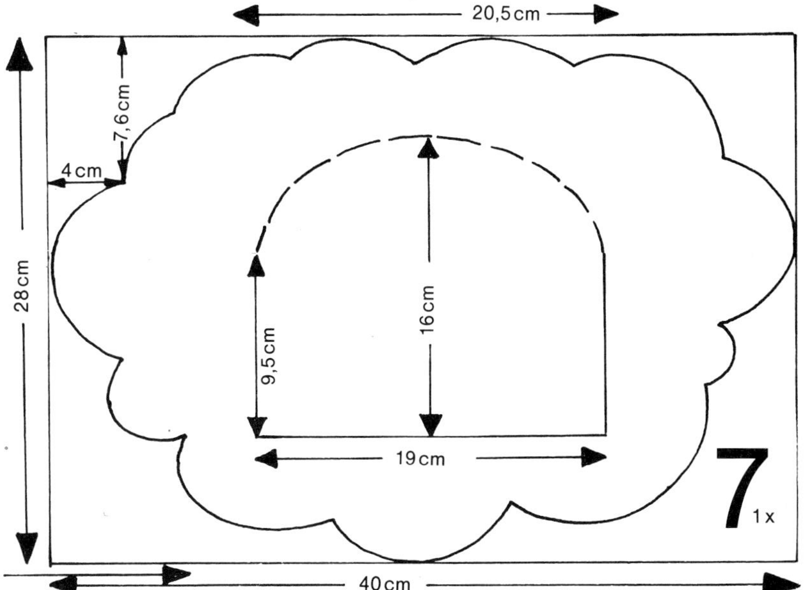
7,6 cm
4 cm
28 cm
16 cm
9,5 cm
19 cm
7
1 x
40 cm

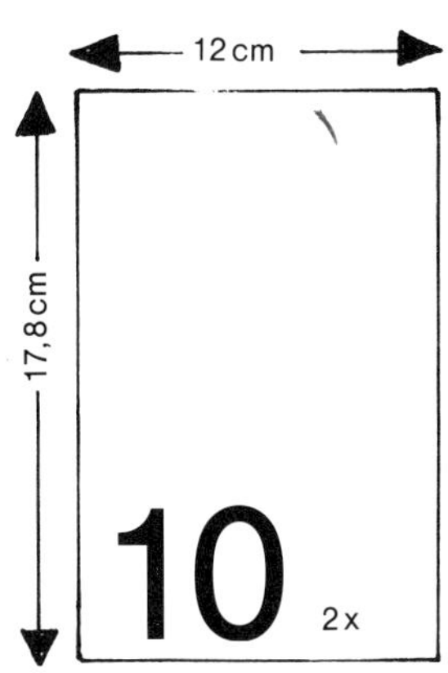
12 cm
17,8 cm
10
2 x

M 1:4

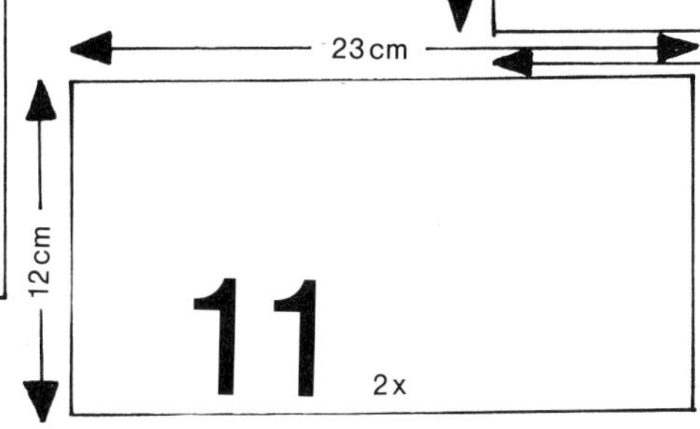
23 cm
12 cm
11
2 x

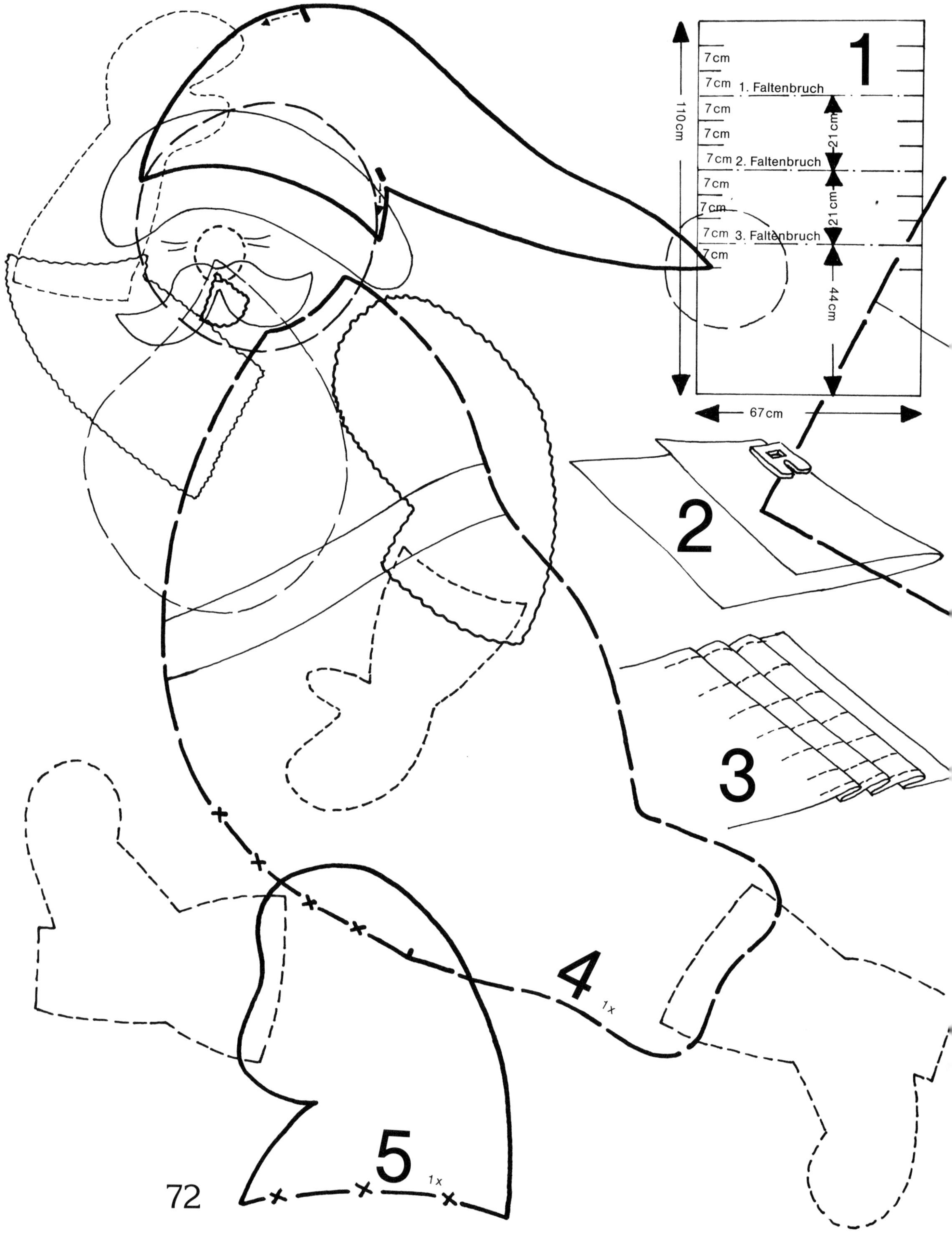
1
110 cm
7 cm
7 cm
1. Faltenbruch
7 cm
7 cm
7 cm
2. Faltenbruch
7 cm
7 cm
7 cm
3. Faltenbruch
7 cm
21 cm
21 cm
44 cm
67 cm
2
3
4
1x
5
1x

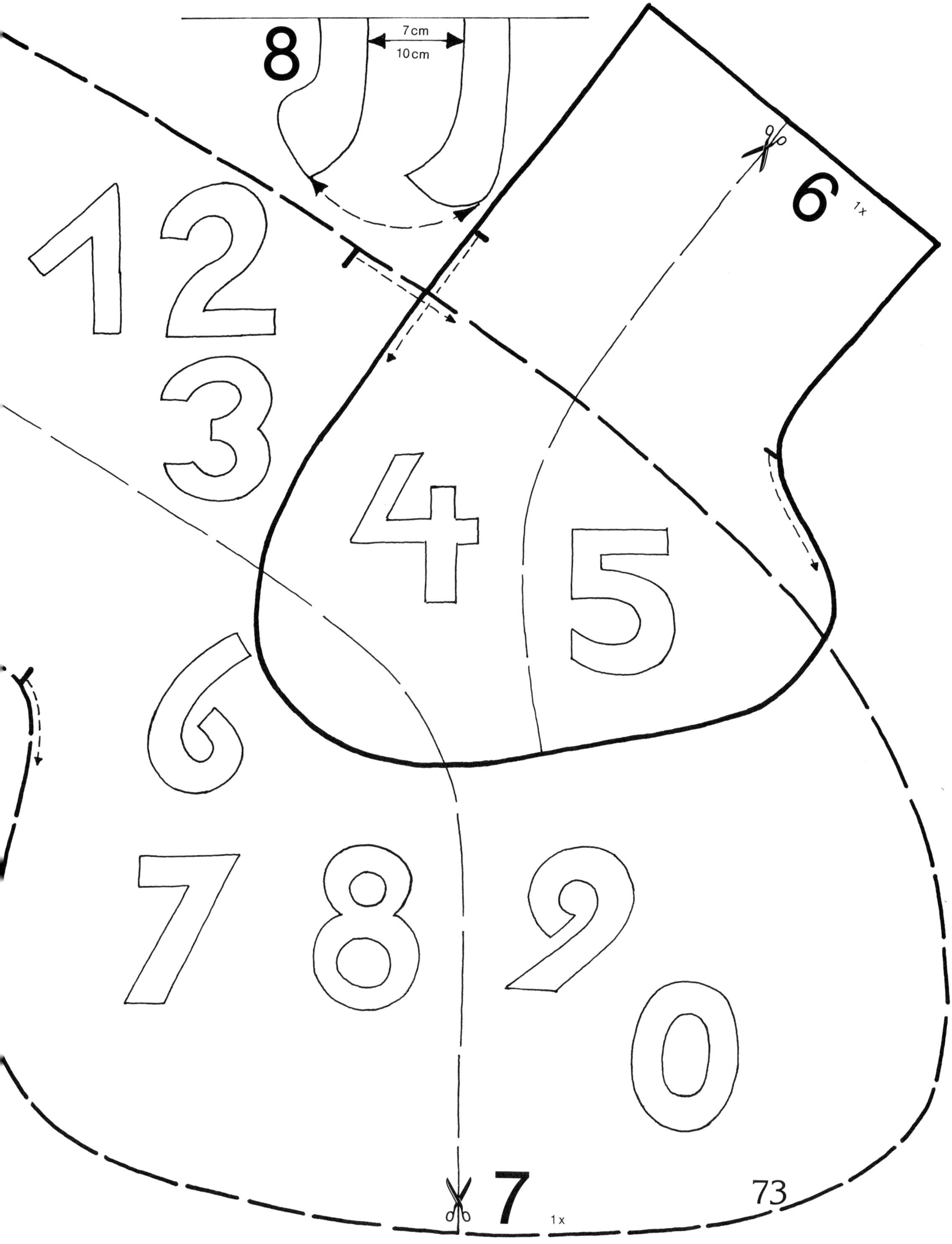
8
7 cm
10 cm
6
1x
1234567890
7
1x

1
1x
2x
2x
2
2x
6
3
5
4

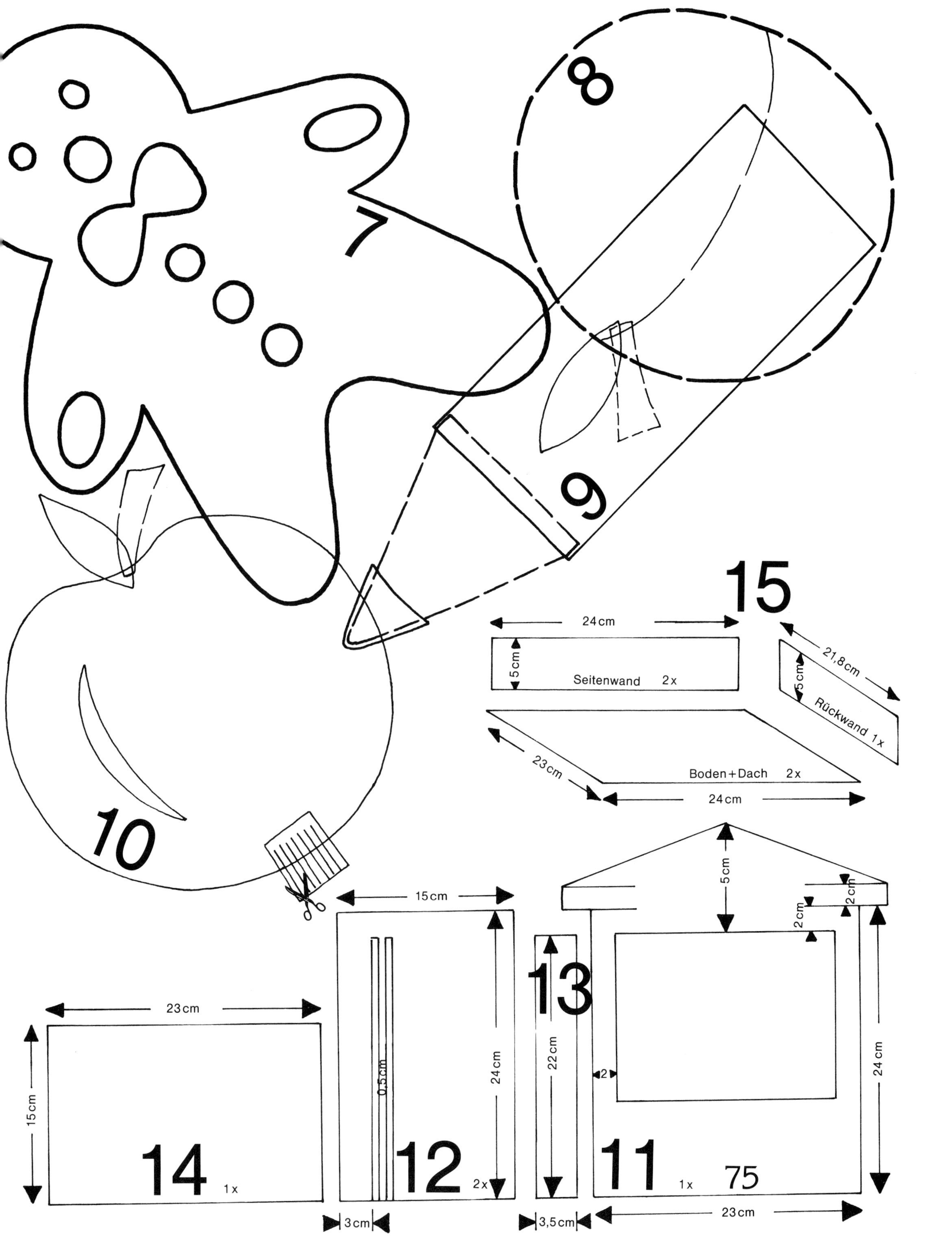
7
8
9
10
15
24 cm
5 cm
Seitenwand 2x
21,8 cm
5 cm
Rückwand 1x
23 cm
Boden + Dach 2x
24 cm
5 cm
2 cm
2 cm
15 cm
24 cm
0,5 cm
12
2x
3 cm
13
22 cm
3,5 cm
2
11
1x
24 cm
23 cm
23 cm
15 cm
14
1x

1
2
3
4
5
6
7
8

9
10
11
12
13
14
15

Die Weihnachtsgeschichte

1. Es lebte einst in Nazareth ein Zimmermann. Sein Name war Josef.
2. Auch Maria lebte in Nazareth. Sie war mit Josef verlobt. Eines Tages überbrachte ihr ein Engel die frohe Botschaft, daß sie auserkoren sei, Gottes Sohn zu gebären.
3. Der Kaiser des Landes hieß Augustus.
4. Eines Tages erließ Kaiser Augustus den Befehl: Alle Bewohner des Landes sollten sich in ihrer Geburtsstadt zählen lassen.
5. Josef und Maria gingen nach Bethlehem.
6. Als Maria und Josef erschöpft in Bethlehem ankamen, war es tiefe Nacht.
7. Josef suchte eine Herberge. Doch immer wieder wurden sie abgewiesen.
8. Schließlich fanden sie einen Stall.
9. In jener Nacht gebar Maria einen Sohn.
10. Engel erschienen und lobpreisten Gott Vater und seinen neugeborenen Sohn – Jesus.
11. Ganz in der Nähe hüteten ein paar Hirten ihre Schafe.
12. Ein Engel verkündete den Hirten das große Ereignis: die Geburt Christi.
13. Noch in der gleichen Nacht machten die Hirten sich auf, um das Kindlein zu sehen.
14. Als die Hirten Jesus sahen, knieten sie nieder und beteten.
15. Die Kunde drang in jeden Ort und jede Stadt. Männer, Frauen und Kinder machten sich auf den Weg, um den neuen König zu sehen.
16. Auch drei weise Könige aus dem Morgenland hörten von der Geburt des Erlösers. Mit vielen Geschenken traten sie die lange Reise nach Bethlehem an.
17. Gott sandte den drei weisen Männern einen Stern, der ihnen den Weg nach Bethlehem zeigte. Sie reisten über weite Meere und hohe Berge.
18. So kamen die drei weisen Könige in das Land Judäa, wo König Herodes regierte. Als dieser von der Geburt eines neuen Königs hörte, beauftragte er sie, ihm bei ihrer Rückreise den Aufenthaltsort des Kindes mitzuteilen. Auch er wollte es anbeten.
19. Die drei Könige zogen weiter. So kamen sie schließlich nach Bethlehem.
20. Die drei weisen Männer fanden den Stall, in dem die heilige Familie Unterschlupf gefunden hatte.
21. Als die drei Männer Jesus sahen, kniete der erste König nieder, betete und überreichte sein Geschenk – die Myrrhe.
22. Auch der zweite König kniete nieder, betete, und auch er überreichte sein Geschenk – den Weihrauch.
23. Wie die beiden Männer vor ihm, kniete auch der dritte König nieder, betete und übergab sein Geschenk – das Gold.
24. Die drei sehr weisen Männer traten auf einem anderen Weg die Heimreise an. Sie wußten, daß sie Herodes den Aufenthalt des Kindes nicht nennen durften. Dieser würde das Kind töten. Herodes wurde darüber sehr böse. Er ließ Soldaten das Kind suchen. Unterdessen aber flüchtete die heilige Familie nach Ägypten. Als Jahre später Herodes gestorben war, kehrte Jesus mit seinen Eltern nach Nazareth zurück.